Der große Pfau

Gendün Rinpoche

Der große
Pfau

Die Umwandlung der Emotionen
im tibetischen Buddhismus

NORBU VERLAG

Bibliographische Information der Deutschen Bibliothek
Die Deutsche Bibliothek verzeichnet diese Publikation in der
Deutschen Nationalbibliografie; detaillierte bibliografische
Daten sind im Internet über http://dnb.ddb.de abrufbar

ISBN: 978-3-940269-01-0

4. Auflage 2021

© 2016 Norbu Verlag

Norbu Verlag
www.norbu-verlag.de

Umschlaggestaltung und Satz: Gerd Pickshaus

Druck: Steinmeier GmbH & Co.KG, Deiningen

Gedruckt auf alterungsbeständigem, säurefreiem Papier
aus chlorfrei gebleichtem Zellstoff

Inhaltsübersicht

Gendün Rinpotsche

Der große Pfau

Die Umwandlung der Emotionen
im tibetischen Buddhismus

Aus den Texten der Unterweisung von
Lama Gendün Rinpotsche:
„Working with the emotions"

Aus dem Tibetischen ins Englische übersetzt,
zusammengestellt und kommentiert von
Lama Anila Rinchen

Aus dem Englischen übersetzt von Nicholas Mailänder

Vorwort zur Neuauflage

Wir freuen uns, dass Lama Rinchen, die langjährige Übersetzerin von Gendün Rinpotsche und Herausgeberin der englischen Fassung, einer erneuten Ausgabe des „großen Pfau" zugestimmt hat.

Die bisherige deutsche Übersetzung, die im Theseus Verlag erschien, wurde überarbeitet – einige Textstellen, die in der englischen Vorlage enthalten sind und in den bisherigen deutschen Ausgaben fehlten, wurden übersetzt und eingefügt. Die Fußnoten und das Glossar wurden neu geschrieben und erweitert. Die Terminologie wurde dem heutigen Sprachgebrauch angepasst.

Karmapa Übersetzungskomitee

Einleitung

Der Text und der Autor

Die in diesem Buch enthaltenen Unterweisungen wurden von Lama Gendün Rinpotsche[1] im Sommer 1990 in der Dordogne, Frankreich, gegeben. Lama Gendün ist tibetischer Herkunft, er ist einer jener Flüchtlinge, die ihr Land nach der chinesischen Invasion verlassen mussten. Weithin bekannt als Meditationsmeister, der zuerst in Tibet und später in Indien viele Jahre in Zurückziehung verbrachte, wurde er in den siebziger Jahren in die Dordogne einge-

---

[1] Auf dem Umschlag und der Titelseite haben wir die englische Schreibweise „Rinpoche" gewählt, da dies bei früheren Veröffentlichungen üblich war. In diesem Buch benutzen wir die deutsche Umschrift tibetischer Namen und Wörter.

laden, um interessierte Menschen aus dem Westen in Meditation zu unterrichten.

Inzwischen hat Gendün Rinpotsche Frankreich zu seiner Heimat gemacht² und widmet sich mit ganzem Herzen der Aufgabe, seine Schüler durch die Dreijahresretreats zu führen. Zu diesem Zweck gründete er in der Auvergne zehn Zentren³.

Der Text, auf den sich diese Unterweisungen gründen, ist ein Werk von Tschagme Rinpotsche, einem gelehrten und verwirklichten Lama des 17. Jahrhunderts. Unermüdlich in seinem Bemühen, die Vielfalt des schriftlich niedergelegten Materials seiner Zeit in leicht verständlichen Handbüchern zusammenzufassen, hinterließ der Autor uns viele Kommentare, die ihrer Gründlichkeit und Klarheit wegen heute noch in Gebrauch sind.

Zu den bekannteren Werken Tschagme Rinpotsches zählt die etwa sechshundert Seiten umfassende *Bergbelehrung*, eine Sammlung von Ratschlägen zu einer Vielzahl von Themen, die mit der spirituellen Praxis und dem Leben im Retreat im Zusammenhang stehen. Seine Ratschläge für den Weg sind ihrem Inhalt gemäß nach Kapiteln geordnet, eines davon ist den Emotionen oder störenden Gefühlen gewidmet.

---

2 Mittlerweile ist Gendün Rinpotsche verstorben. Er lebte von 1975 bis zu seinem Tod 1997 in Frankreich.

3 Heute bestehen in der Auvergne in Kundreul Ling je vier Dreijahres-retreat-Zentren und je ein Langzeitretreat-Zentrum für Frauen (in Laussedat) und für Männer (in Le Bost).

Diesem Kapitel gibt Tschagme Rinpotsche den Titel *Der große Pfau.* Dies bezieht sich auf die legendäre Fähigkeit des Pfaus, Gift zu schlucken und in die leuchtenden Farben des Pfauenrads zu verwandeln, ein Bild, das im tibetischen Buddhismus häufig benutzt wird, um den spirituellen Prozess der Umwandlung von Gefühlsenergie in Weisheitsenergie zu beschreiben.

Was ist eine Emotion?

Ehe wir fortfahren, ist es wichtig, uns darüber klar zu werden, was im Folgenden mit dem Begriff „Emotion" gemeint ist.

Täglich benützen wir das Wort Emotion, um etwas zu benennen, das relativ problemlos bestimmt werden kann: eine deutlich umrissene Regung des Geistes, die zugleich Reaktion und treibende Kraft ist. Im Buddhismus ist die Bedeutung des Begriffs jedoch viel umfassender als dies. Es ist ein geistiger Zustand, der immer dann einsetzt, wenn der Geist auf dualistische Weise arbeitet – lange bevor der gewöhnliche Mensch sich dessen bewusst ist.

Eine Emotion ist die gewohnheitsmäßige Anhaftung, die uns automatisch Erfahrungen danach einordnen lässt, ob unser Ego sie als anziehend (Gier), abstoßend (Abneigung, Hass) oder neutral (Verblendung) empfindet. Je stärker die Anhaftung ist, desto heftiger werden auch unsere Reaktionen sein, bis sie schließlich die Schwelle zum bewussten Geist überfluten und sich als jene deutlichen Gefühlsregungen manifestieren, die wir normalerweise Emotionen oder auch störende Gefühle nennen.

Die oben genannten Reaktionen werden als die „drei Geistesgifte" bezeichnet. Zählen wir zu ihnen noch die Gewohnheiten hinzu, unsere eigene Erfahrung als die maßgebliche einzustufen (Stolz), sowie die Tendenz, unsere eigene Stellung am wahrgenommenen Objekt zu messen (Neid), so ergeben sich die „fünf Geistesgifte". Das Wort Gift wird verwendet, weil diese Reaktionen unseren Geist vergiften und die Entfaltung der ihm innewohnenden Weisheit verhindern.

Beim Lesen der Unterweisungen von Tschagme Rinpotsche, wie sie uns von Lama Gendün erklärt werden, müssen wir uns sehr darum bemühen, jeden der fünf Begriffe in seinem weitest möglichen Sinn zu verstehen. Wenn wir dies versäumen, wird es uns nicht möglich sein, die vollständige Bedeutung der Belehrung wirklich zu begreifen.

Es scheint angebracht, hier auf das störende Gefühl der Verblendung näher einzugehen. Es mag uns schwerfallen, Verblendung als Emotion zu begreifen. Wenn wir aber sorgfältig darüber nachdenken, so stellen wir fest, dass wir von Verblendung genauso beeinflusst werden können wie von Gier und Hass. Verblendung ist kein neutrales Etwas, das ohne Wirkung, ohne Konsequenzen bliebe. Vielmehr ist sie ein eindeutiger Zustand des Geistes, der uns bewegt, auf eine bestimmte Weise zu handeln.

Im Geisteszustand der Verblendung befinden wir uns immer dann, wenn wir nicht in der Lage sind, die Dinge so zu sehen, wie sie wirklich sind. Dies kann sich bewusst oder unbewusst abspielen und äußert sich – bisweilen als Unschuld verherrlicht – in der Unfähigkeit zu erkennen, was gerade passiert. Es kann sich auch als deutliches Gefühl der Gleichgültigkeit zeigen, oder gar dadurch, dass man die Wahrheit nicht sehen will. Die Verblendung reicht von einer allgemeinen Verwirrung in Bezug auf die Realität bis zur Entwicklung von ausgesprochen falschen Ansichten. Das Element der Anhaftung ist in diesem Zusammenhang unübersehbar. Im Zustand der Verblendung kann man sich sogar einigermaßen wohl fühlen: „Dummheit ist das wahre Glück …" Wenn wir uns genau beobachten, so wird diese Einstellung häufig in unserem Verhalten sichtbar. Aus buddhistischer Sicht ist Verblendung jedoch alles andere als Glückseligkeit und Unschuld. Vielmehr ist sie Hauptgrund für unser Leiden, weshalb Verblendung ohne jeden Zweifel zu den fünf Geistesgiften zu rechnen ist.

Die Methoden im Überblick

Am Anfang des Kapitels erklärt Tschagme Rinpotsche, er habe seine Belehrungen in vier Abschnitte gegliedert. Obwohl Tschagme Rinpotsche uns nicht ausdrücklich dazu anhält, die Anweisungen in der Reihenfolge ihrer Darstellungen zu befolgen, rät uns Lama Gendün, stetig fortschreitend mit den Empfehlungen zu arbeiten, gemäß der Ordnung, in der sie gegeben wurden. Jede Methode führt uns auf natürliche Weise zur nächstfolgenden, weshalb es wichtig ist, vorne anzufangen und systematisch bis zum Ende fortzuschreiten. Wenn wir versuchen, alle vier Methoden auf einmal anzuwenden, werden wir nicht sehr viel Erfolg haben.

Die erste Methode besteht darin, die Emotionen aufzugeben, sie loszuwerden, ohne sie zu unterdrücken. Der zweite Ansatz ist darauf gerichtet, Kontrolle über die Emotionen zu gewinnen, nicht durch Gewalt, sondern durch den Einsatz von Gegenmitteln. Die dritte Methode lehrt uns, den Emotionen in der Meditation zu begegnen und ihre wahre Natur zu erkennen, das, was wir ihre Essenz oder Realität nennen. Abschließend dürfen wir einen Blick auf den fortgeschrittensten Ansatz zum Umgang mit den Emotionen werfen, nämlich die Methode, sie selbst als ein Mittel zu benutzen, Erleuchtung zu erlangen.

Eine nähere Betrachtung der Methoden

Die Emotionen aufgeben

Die Unterweisung im Aufgeben der Emotionen ist genau auf den Kern dessen gerichtet, was problematisch daran ist. Wenn wir mit unseren störenden Gefühlen arbeiten wollen, müssen wir zuerst begreifen, warum dies überhaupt erforderlich ist. Mag diese Notwendigkeit auf den ersten Blick selbstverständlich erscheinen, so erweist sich die Angelegenheit bei näherer Betrachtung als weit weniger simpel. Denn einige dieser Emotionen sind durchaus angenehm, weshalb für uns schon der Gedanke, ohne sie leben zu sollen, unfassbar erscheint. Was würde mit uns geschehen, wenn wir keine Gefühle mehr hätten?

Die speziellen Unterweisungen des Vajrayana* belehren uns, dass die Emotionen selbst nicht das eigentliche Problem sind. Emotion ist nichts weiter als die Aktivität des Geistes, Energie in Bewegung, die erst durch unsere Reaktion auf sie eine positive oder negative Ausrichtung erhält. Wenn diese Energie des Geistes sich in einem Zustand der Verwirrung regt, einem Zustand der Anhaftung oder des Widerstandes, führt dies zu jenen Regungen, die wir normalerweise als „Gefühle" bezeichnen. Aus diesen wiederum erwachsen unterschiedliche Ausprägungsformen des Leidens. Wenn sich jedoch dieselbe Energie ohne Verwirrung manifestiert, bleibt sie vollkommen frei von jeder unreinen emotionalen Einfärbung und kann als Weisheitsenergie wirken, die den lebenden Wesen zugute kommt.

Da Menschen aus dem Westen Gefahr laufen, die Vorstellung „frei von Emotionen sein" falsch aufzufassen, ist es besonders wichtig, diese Zusammenhänge richtig zu verstehen. In vielen Fällen ist es deshalb ratsam, sich als Einstieg einiges theoretisches Wissen vom Ansatz des Vajrayana anzueignen. Damit sind wir davor gefeit zu meinen, man müsse ein dumpfer, gefühlloser Zombie werden, wenn die Rede davon ist, die störenden Gefühle loszuwerden, sie aufzugeben oder sie umzuformen. Vielmehr bedeutet dies, die verwirrten Reaktionen aufzugeben, die wir angesichts der Aktivität dieser natürlichen Energie unseres Geistes zeigen.

Ein weiterer Punkt von entscheidender Wichtigkeit besteht darin, sich völlig darüber im Klaren zu sein, was es bedeutet, ein „Gefühl aufzugeben". Wir müssen uns vor Augen halten, dass Emotionen stets in Leiden enden. Da aber im Allgemeinen Leid genau das ist, was wir unbedingt zu vermeiden suchen, müssen wir eine ganze Reihe von Einstellungen entwickeln, die unserem Geist erlauben, sich so gut wie möglich frei von Emotionen zu halten. Störende Gefühle aufzugeben bedeutet nicht, ihr Entstehen zu verhindern. Wenn wir unseren Geist sehr anspannen, uns weigern, unsere Gefühle anzuerkennen und eine Schutzschicht gegen jede gefühlsmäßige Aktivität aufbauen, wird unser Geist sich schließlich so verkrampfen, dass wir uns der Gefahr tiefgehender psychischer Störungen aussetzzen. Aus diesem Grund müssen wir uns davor hüten, das Aufgeben von störenden Gefühlen mit deren Unterdrückung zu verwechseln.

Wenn wir die unangenehme Seite unserer störenden Gefühle verstehen, wird es uns leichter fallen, sie aufzugeben. Wir verringern ihre Macht dadurch, dass wir sie in etwas weniger Wichtiges verwandeln. Indem wir dies tun, schaffen wir einen gewissen Abstand zwischen uns und einem sich regenden Gefühl. Anstatt einer Emotion nachzugeben, sobald sie sich zeigt, wie wir das normalerweise tun, halten wir bei dieser Methode inne und denken: „Schau dir dies Gefühl genau an. Wenn ich ihm nachfolge, wird Leid die einzige Folge sein, also werde ich mich ihm widersetzen." Die Distanz, aus der wir das störende Gefühl betrachten, ist der Raum, der uns erlaubt, mit ihm zu arbeiten.

Den Emotionen mit Gegenmitteln entgegenwirken

Unsere Bereitschaft, die störenden Gefühle loszulassen, und die Entwicklung von Raum und Beweglichkeit im emotionalen Prozess sind die wichtigsten Qualitäten, die sich aus der Praxis des Aufgebens der Emotionen entwickeln. Dies bereitet die Arena des Geistes auf den Kampf vor, der nun bevorsteht.

Wenn wir beginnen, unser Interesse für spirituelle Dinge zu entdecken, zeigt sich zu unserer Enttäuschung vielleicht schon bald, dass, obwohl wir uns zu bestimmten Idealen hingezogen fühlen, wir große Schwierigkeiten haben, ihnen treu zu bleiben. Dies ist auf den überwältigenden Einfluss zurückzuführen, den unsere „natürlichen" Verhaltensmuster auf uns ausüben. Wir stellen fest, dass wir uns schädlich verhalten, allen guten Vorsätzen zum Trotz. Nur wenn die Gewohnheit, Gutes zu tun, gleich stark oder stärker wird als die Gewöhnung an das Nichtheilsame, wird sich die neu gefundene spirituelle Kraft bemerkbar machen.

An diesem Punkt haben unsere inneren Qualitäten die Kraft erlangt, die Manifestationen der Verblendung zu beeinflussen, die in unserem Geist erscheinen. Genau wie ein Gegenmittel gegen ein Gift agiert, können solche Qualitäten die Wirkungen der störenden Gefühle verändern. Je stärker das Gegenmittel, desto sicherer wird es das Gift unschädlich machen.

Zuerst müssen wir diese Qualitäten gezielt entwickeln, da sie in unserer selbstsüchtigen Daseinsweise alles andere als natürlich sind. Aber im Laufe der Zeit und mit viel Geduld werden sie dann so unüberwindlich, dass sie über unsere Emotionen stets den Sieg davontragen werden.

Tschagme Rinpotsche erklärt uns, welche spezifischen Qualitäten jeweils die effektivsten sind, um jedem der fünf Hauptgeistesgifte entgegenzuwirken. Wenn das Gegenmittel einmal bekannt ist, liegt es an uns, es hervorzubringen und anzuwenden.

Die wahre Natur einer Emotion sehen

Dank dem, was wir die ‚Ansammlung von Verdienst' nennen – der steigende Einfluss, den die Gesamtheit unseres positiven Verhaltens auf den Zustand unseres Geistes hat – beginnen wir, zunehmend ein Gefühl für Bewusstheit zu entwickeln. Unser Geist fängt an, sich von seiner Verdunkelung zu befreien; Sensibilität entwickelt sich zu reiner Intuition.

Für Menschen, die regelmäßig Meditation praktizieren, werden innere Erfahrungen von „Leerheit" das erste Zeichen dieser neuen Stufe des spirituellen Wachstums sein. Die Welt scheint ihre Solidität zu verlieren, nichts ist festgefügt und dauerhaft wie zuvor, und dennoch erscheint dies ganz natürlich, ohne das geringste Gefühl von Entfremdung. Wenn das Ego bereit ist, sich von einer festen Vorstellung von der Welt zu lösen, wächst unsere geistige Klarheit während der Meditation, das „Gefühl" verblasst und hinterlässt den Geist in kristallener Klarheit.

Erst unter diesen geistigen Voraussetzungen können wir es uns zur Praxis machen, die wahre Natur dessen zu erschließen, was wir bislang „Emotion" genannt haben. Indem wir unsere neu gewonnene Klarheit wie einen Suchscheinverwerfer benützen, können wir Emotionen als das erkennen, was sie wirklich sind: Weisheitsenergie. Der Augenblick, in dem wir erstmalig die Wirklichkeit hinter der vom Ego geschaffenen Maske entdecken, reicht aus, die emotionale Verwirrung zum Kurzschluss zu bringen, so dass wir für einen Bruchteil einer Sekunde Weisheit erfahren. Der Augenblick geht zwar vorüber, aber die Erinnerung an ihn bewirkt, dass wir nie wieder dieselbe Person sein werden, die wir zuvor waren: die Einstellung zu unseren Gefühlen hat sich grundlegend gewandelt.

Diesem Aufblitzen ging jedoch eine große Zahl von Versuchen voraus, die störenden Gefühle zu sehen. Der Misserfolg einiger dieser Anläufe lag sofort offen auf der Hand. Andere entlarvten sich erst nach einiger Zeit als Täuschungen, oft dank der katalysatorischen Wirkung eines erfahrenen Führers. Ehe nicht echte Klarheit in uns erwächst, kann Emotion nur als Emotion gesehen werden. Wenn wir uns in eitlem Ehrgeiz weigern, sie als das zu erkennen, was sie ist und etwas anderes darin suchen, werden wir uns nur verirren.

Wie beim Einsatz von Gegenmitteln sind auch die Eingangsstufen der Praxis bewusst auf das Ziel hin angelegt, ein hohes Maß an Klarheit zu entwickeln. Dies ist die Praxis der Einsichtsmeditation, ein Teil des traditionellen Pfades, der für diejenigen abgesteckt wurde, die sich in der informellen Meditation schulen wollen, bei der sich der Geist so betrachtet, wie er ist.

Wer die Visualisierung archetypischer Bilder als Meditationstechnik wählt, wendet eine spezielle Methode an, die konkrete Welt geistig in Leerheit aufzulösen und sich die fünf Emotionen als die fünf universellen Aspekte des erleuchteten Geistes zu vergegenwärtigen. Solche Visualisierungen haben die Funktion, den Geist wieder in der Sicht von Dingen zu schulen, die verloren gingen, als das Ego tonangebend wurde. Tschagme Rinpotsche nennt dies die Transformation der Emotionen; er behandelt dies in einem separaten Abschnitt, ehe er seine Aufmerksamkeit dem Hauptteil zuwendet, der sich mit der unmittelbaren Erkenntnis des Geistes durch seine eigene, ihm innewohnende Klarheit beschäftigt.

Unsere Emotionen zum Weg machen

Bis zu diesem Punkt war Scheitern die einzig mögliche Konsequenz einer übermäßigen Selbstsicherheit. Beim Einsatz der Techniken, über die wir nun sprechen wollen, laufen wir dagegen Gefahr, uns unermesslichen Schaden zuzufügen. Deshalb ließ Tschagme Rinpotsche hier eine Anmerkung in den Text einfügen, die den Leser vor einem weiteren Fortschreiten in seinen Übungen warnt, sofern er nicht dazu ermächtigt worden ist.

Die Gefühlsenergie selbst als eine Waffe zu ihrer eigenen Ausrottung zu nutzen, setzt unsererseits eine ungemeine Wachsamkeit voraus. Solche Methoden verstärken zunächst die Macht der Emotion, da diese sich nur auf dem Höhepunkt ihrer Intensität weit genug verfeinern, um alle Unreinheiten zu verbrennen. Die Risiken liegen auf der Hand. Aus diesem Grund werden solche Übungen in einen Mantel der Geheimhaltung gehüllt.

Die sprachliche Form, in welche die Anweisungen gekleidet sind, setzt diese Praktiken der Gefahr aus, missverstanden zu werden, da sie notwendigerweise den gemeinhin üblichen Sinnzusammenhang der Emotion widerspiegelt. Für den qualifizierten Praktizierenden ist die subjektive Erfahrung jedoch eine ganz andere. Der unqualifizierte Schüler dagegen verfehlt das Ziel völlig und ertrinkt in einer mächtigen Flut von Gefühlen, die durch die Meditationstechnik geweckt wurde und jeden zuvor erzielten Fortschritt zunichte macht. Und was noch schlimmer ist, er führt andere durch sein schlechtes Beispiel in die Irre.

Es ist daher nicht erstaunlich, dass das vollständige Wissen um diesen Ansatz der Arbeit mit den Emotionen denjenigen vorbehalten bleibt, die sich als fähig erwiesen haben, die zuvor genannten Techniken zu meistern.

In seiner Belehrung über diesen Teil des Kapitels gibt Lama Gendün eine Übersicht über jene Praktiken, die mit den drei hauptsächlichen Emotionen zusammenhängen, so dass dieser wichtige Aspekt dargestellt ist. In seinen Erklärungen weicht er teilweise von Tschagme Rinpotsches Text ab und bezieht sich direkt auf seine eigenen Erfahrungen.

Da die Arbeit mit der Unwissenheit während des Schlafes kaum oder überhaupt nicht gefährlich ist, wird hierauf detaillierter eingegangen als auf die anderen beiden der drei behandelten Gefühle. Jedoch muss betont werden, dass die gegebenen Anweisungen bei weitem nicht vollständig sind. Jeder, der diese Methoden wirklich zu praktizieren wünscht, muss sie zuerst im Dreijahresretreat erlernen.

Warum eine solche Vielfalt von Ansätzen notwendig ist

Der größte Teil der Lehre, der wir begegnen, wenn wir beginnen, uns mit dem Buddhismus zu beschäftigen, wurde von Buddha in öffentlichen Unterweisungen vermittelt. Diese blieben zuerst in mündlicher Form erhalten und wurden später niedergeschrieben, um zu den „drei Körben"[4] zu werden, welche die öffentlichen Belehrungen ausmachen, die der Buddha zu seinen Lebzeiten gab. Dies nennen wir den ersten Lehrzyklus. Sein Hauptthema sind die vier edlen Wahrheiten, die uns lehren, was zu Leiden führt und wie wir dem ein Ende setzen.

Jedoch ist dies nur der erste Lehrzyklus. Es gibt noch zwei weitere. Der zweite Zyklus beschäftigt sich mit der Leerheit – der wahren „Natur" oder Realität jedweder Existenz im Universum. Thema des dritten Zyklus ist die Buddha-

---

4 siehe Glossar

natur, die jedem lebenden Wesen innewohnt. Die beiden letzteren Zyklen finden in geschriebener Form Ausdruck in den Texten, die der Mahayanaschule* zuzurechnen sind.

Der Grund für diese verschiedenen Unterweisungen lag in den unterschiedlichen Bedürfnissen und Fähigkeiten der zukünftigen Schüler. Nicht jedermann ist die Lehre von der wahren Natur aller Phänomene und der erleuchtenden Essenz des Geistes zugänglich. Für einige genügt es, von der Allgemeinheit des Leidens zu erfahren und wie man durch Befolgen des Pfades der heilsamen Handlungen davon frei werden kann.

Dasselbe Bemühen, den Bedürfnissen und Fähigkeiten der verschiedenen Menschen entgegenzukommen, ist in der Unterweisung zu den Emotionen zu erkennen. Die störenden Gefühle aufzugeben, ist die erste Stufe, die jeder meistern muss, ehe er auf andere Weise seinen Emotionen begegnen kann. Auf der nächsten Stufe wird gelehrt, wie man die störenden Gefühle mit den geeigneten Gegenmitteln überwindet. Diese ersten beiden Methodenkomplexe entsprechen der Ethik des individuellen und des universellen Weges, die vom Buddha gelehrt wurden. Das dritte Stadium, in dem es darum geht, die Natur der Gefühle zu erkennen, ist eher den späteren Belehrungen des Buddha über Leerheit und innewohnende Weisheit zuzurechnen. Was die vierte und letzte Stufe angeht, in welchem die Emotionen als Weg zur Erleuchtung genutzt werden, so steht dies in spezifischen Zusammenhang mit der Lehre des Vajrayana*.

Wir müssen zwischen diesen verschiedenen Arten des Vorgehens unterscheiden, wenn wir uns mit den Emotionen beschäftigen. Weder dürfen wir diese Methoden miteinander vermischen, noch meinen, wir könnten sie alle gleichzeitig einsetzen. Auch stehen sie nicht zueinander im Widerspruch, sondern entsprechen unterschiedlichen Stufen unserer Entwicklung.

Wie und wann setzen wir die Methoden jeweils ein?

Wir werden sehen, dass jede Methode bestimmte Eigenschaften von dem Praktizierenden fordert. Ehe wir eine spezielle Technik anwenden, müssen wir uns fragen, ob wir über diese Fähigkeiten verfügen, da wir ohne sie diese besondere Methode noch nicht anwenden können.

Auch unsere derzeitige Praxis müssen wir untersuchen. Die Methoden, die benutzt werden, um mit den Emotionen zu arbeiten, haben grundlegend unterschiedliche Wirkungen: einige sind darauf ausgerichtet, sie zu beruhigen, andere zielen darauf ab, sie bewusst anzufachen, damit wir klarer sehen können, was sich in unserem Geist abspielt, wenn wir ein störendes Gefühl verspüren.

Wir müssen darauf achten, dass die Methode, die wir im Umgang mit den Emotionen wählen, nicht im Gegensatz zu unserer gegenwärtigen Praxis steht. Wenn wir uns gerade darauf konzentrieren, geistige Ruhe zu entwickeln, wäre es nicht angebracht, Methoden zu verwenden, welche die Emotionen stimulieren. Praktizieren wir dagegen Einsichtsmeditation, werden wir gut daran tun, solchen Techniken den Vorzug zu geben, die mit der Erkenntnis der wahren Natur der Emotionen im Zusammenhang stehen, weil dies genau der Vorgehensweise entspricht, die wir in der Einsichtsmeditation verfolgen. Wenn wir auf dieser Stufe versuchen würden, die störenden Gefühle zu besänftigen, würde dies unserem Bemühen, tiefes Verständnis zu erlangen, entgegenwirken.

Obwohl wir im Allgemeinen dazu neigen werden, nur einen der vier Ansätze zu benutzen, wenn wir mit unseren Emotionen arbeiten, kann es vorkommen, dass wir unsere Einstellung den Umständen einer bestimmten Situation anpassen müssen. Einige Situationen bieten uns deutlich mehr Freiraum dafür als andere. Zum Beispiel benötigen wir zur Umwandlung eines Gefühls ein bestimmtes Maß an Raum. Fehlt dieser Raum, sind wir zu der Transformation nicht in der Lage. Wir sitzen in der Falle. Je mehr Bewegungsfreiheit uns für unsere psychologischen Manöver bleibt und je weniger angespannt die Situation ist, desto erfolgreicher werden wir mit der Umwandlung des Gefühls sein. Dies bedeutet, dass es in manchen Fällen die Situation ist, die diktiert, ob wir auf eine bestimmte Weise praktizieren können oder nicht.

Auch unseren eigenen Geisteszustand müssen wir berücksichtigen. Wir alle wissen, dass es Tage gibt, an denen unser Geist besonders klar und präzise und dabei beweglich, weit und entspannt ist. Dann ist es sehr einfach, mit unseren störenden Gefühlen umzugehen. An anderen Tagen ist der Geist verkrampft, in sich verschlossen, dumpf und langsam in seinen Reaktionen. Unter solchen Umständen ist es sehr schwierig, flexibel mit den Gefühlen umzugehen, so dass es praktisch unmöglich ist, ihre wahre Natur zu erkennen oder sie umzuwandeln.

Ein weiterer einflussreicher Faktor ist die Art der Emotion selbst. Wir stellen vielleicht fest, dass uns aufgrund unserer eigenen inneren Tendenzen der Umgang mit einigen Gefühlen leichter fällt als mit anderen. Oder wir finden heraus, dass wir beispielsweise ohne große Probleme das Wesen der Anhaftung zu erkennen vermögen, während uns bei anderen Gefühlen derselbe Erfolg nicht zuteil wird. In diesem Fall müssen wir eben andere Techniken einsetzen. Dazu kommt, dass dasselbe Gefühl sich in verschiedenen Situationen auf unterschiedliche Weise zeigen kann. Nehmen wir zum Beispiel die Abneigung; sie kann sich entweder als mächtiger Wutanfall manifestieren, plötzlich auftretend und überwältigend, oder sie ist zwar weniger offensichtlich, hält dafür aber länger an. Je nach unserer Fähigkeit, mit den störenden Gefühlen umzugehen, könnten wir eine dieser Situationen leichter zu bewältigen finden als die andere.

Sollten wir versuchen, am gleichen Tag an allen störenden Gefühlen gleichzeitig zu arbeiten, oder ist es besser, sich auf ein bestimmtes Gefühl zu konzentrieren, sich darin zu üben, nur mit diesem umzugehen, bis sich ein gewisses Maß an Erfolg zeigt?

Bei manchen Personen steht offensichtlich eine bestimmte Emotion im Vordergrund und sie ziehen es vor, sich ausschließlich auf deren Bewältigung zu konzentrieren. Bei anderen scheinen alle Emotionen gleich stark zu sein und sie arbeiten mit ihnen der Reihe nach. Man mag auch allen störenden Gefühlen gleichermaßen ausgesetzt sein, aber nur die Kraft verspüren, mit einigen von ihnen zu arbeiten.

Um aber wirklich erfolgreich praktizieren zu können, ist es am besten, sich für eine Methode zu entscheiden und diese über einen bestimmten Zeitraum regelmäßig anzuwenden, bis sich einige Zeichen des Erfolgs einstellen; dann können wir zuversichtlich zum nächsten Schritt übergehen.

Ich habe mit viel Freude an der Zusammenstellung dieses Buches gearbeitet. Es enthält eine große Zahl ganz praktischer, sachbezogener Ratschläge für all jene, die genug haben von den emotionalen Kämpfen, die wir tagaus tagein mit uns selbst und mit anderen ausfechten. Obwohl jahrhundertealt, ist doch nichts Überholtes an Tschagme Rinpotsches Unterweisungen, die Lama Gendün Rinpotsche heute für uns zum Leben gebracht hat.

Was den Stil angeht, so habe ich bewusst vermieden, die mündliche Form der Unterweisung von Lama Gendün Rinpotsche zu sehr zu glätten, um zu vermeiden, der ganzen Sache einen zu ordentlichen und intellektuellen Anstrich zu geben (was immer ein gutes Indiz für eitle spirituelle Neugierde ist, die nirgendwo hinführt).

Aus Ehrfurcht vor dem Originaltext von Tschagme Rinpotsche musste ich jedoch etwa zwanzig buddhistische Begriffe im Text belassen, die mit einem Sternchen versehen sind und im Glossar erklärt werden.

Seit nunmehr zwölf Jahren habe ich die Ehre, als Lama Gendüns englische Übersetzerin wirken zu dürfen, und ich kann bestätigen, dass er selbst ein lebender Beweis für die Wirksamkeit der Methoden ist, über die dieses Buch einen Überblick gibt. Diesen Beweis konnte Gendün Rinpotsche nur antreten, weil er sich nicht darauf beschränkte, über die Methoden zu lesen, sondern weil er sie über Jahre hinweg im Retreat praktiziert hat. Das Inspirierendste an ihm ist für mich seine Fähigkeit, seine eigene lebendige Erfahrung der Lehre des Buddha zu übermitteln, und dies im Westen, wo viele Menschen spontan von Zweifeln bezüglich der Bedeutsamkeit des Buddhadharma für unsere von dessen Ursprungsland so grundsätzlich verschiedenen Kultur erfüllt sind. Als Übersetzerin habe ich buchstäblich an Hunderten von Interviews teilgenommen, bei denen jede einzelne Person, von neugierigen spirituellen Touristen bis hin zum vollkommen engagierten Schüler im Dreijahresretreat, das ihren Bedürfnissen Entsprechende erhalten hat. Die Emotionen in all ihren unendlichen Ausprägungsformen waren häufig das Gesprächsthema, und ich habe gelernt zu erkennen, welch unschätzbarer Wert für die von ihren gestörten Gefühlen Geplagten in einer tiefgehenden Kenntnis der vielfältigen Dimensionen der Lehre des Buddha und ihrer Anwendung liegt.

Aus diesem Grund war ich sehr erfreut, als Lama Gendün meiner Bitte stattgab, die Emotionen zum Thema seiner Hauptbelehrungsreihe im Sommer 1990 zu machen. Damals beschloss ich spontan, für eine Veröffentlichung der Unterweisungen zu sorgen, zumal Lama Gendün nie zuvor einen ausführlichen Kommentar zu Tschagme Rinpotsches Kapitel gegeben hatte. Da diese Aufgabe mit meinen vielen anderweitigen Verpflichtungen in Einklang zu bringen war, verging fast ein Jahr, ehe die Arbeit zu Ende gebracht werden konnte. Und ohne das Engagement von Anila Trinlay, der die Transkription der Tonbänder zu verdanken ist, hätte es sicherlich noch viel länger gedauert.

Nun, da das Werk vollbracht ist, hoffe ich, dass man nicht nur Freude daran haben, sondern es auch eifrig benutzen möge.

Lama Anila Rinchen, im Juni 1991

Der große Pfau

Die Umwandlung der Emotionen

Einführung

Die Schrift, auf die diese Belehrung über die Emotionen
zurückgeht, wurde von Lama Tschagme Rinpotsche ver-
fasst. Sie umfasst nur ein Kapitel aus einem umfangrei-
chen Werk mit Anweisungen zur Praxis für Menschen, die
ihre gesamte Zeit der Meditation in den Bergen widmen.
Dieses spezielle Kapitel trägt die Überschrift *Der große Pfau,
der die Gifte überwindet.* Hier finden wir Unterweisungen
von unschätzbarem Wert über den Umgang mit den fünf
Geistesgiften, wie wir sie aufgeben, kontrollieren und umwandeln, wie wir ihre wahre Weisheitsnatur erkennen und
zuletzt, wie wir diese störenden Gefühle zu unserem Weg
machen können.

Der Autor beginnt mit einer Huldigung an Buddha Shakyamuni: Mit tiefer Hingabe verbeugt er sich mit Kör-

per, Rede und Geist vor Shakyamuni. Er sieht Shakyamuni als den vollendeten Buddha, der alles über das Universum weiß, was es zu wissen gibt, und der dieses Verständnis seinen Mitmenschen als Erstes durch die Verkündigung der vier edlen Wahrheiten zuteil werden ließ.

Er fährt dann fort zu erklären, dass die in diesem Kapitel enthaltenen Unterweisungen aufgrund der Bitte eines seiner Schüler, des Lama Karma Tsöndrü Gyamtso, gegeben wurden. Voll Verzweiflung hatte dieser sich an den Autor gewandt, weil es ihm trotz aller Bemühungen nicht gelang, seinen Geist von den fünf Giften zu befreien. Deshalb bat er Tschagme Rinpotsche, ihm die Gunst spezieller Belehrungen zu erweisen, die ihn vor dem Einfluss dieser Gefühle bewahren würden. Das vorliegende Kapitel ist Tschagme Rinpotsches Antwort.

Wir finden darin vier wichtige Abschnitte: Als Erstes müssen wir damit beginnen, die fünf Geistesgifte aufzugeben; dann müssen wir lernen, sie durch Anwendung der jedem einzelnen dieser Gifte angemessenen Gegenmittel zu kontrollieren. Später werden wir in der Lage sein, die wahre Natur der Emotionen als Weisheitsenergie zu erkennen, was uns schließlich dahin bringen wird, unsere Gefühle so zu nutzen, dass sie zu einem Mittel werden, unseren spirituellen Fortschritt zu fördern.

I. Die Emotionen aufgeben

Der zentrale Punkt des ersten Abschnitts über das Aufgeben der störenden Gefühle konzentriert sich auf eine Abhandlung über die vier edlen Wahrheiten, die von Buddha in seiner ersten Lehrrede verkündigt wurden. Darin gab er eine Definition des Leidens und zeigte dessen Ursache auf. Er fuhr fort zu erklären, dass Leiden ein Ende findet, wenn wir seiner Ursache ein Ende setzen. Der Weg dies zu tun, liegt in heilsamem Handeln. „Nehmt Euch selbst zum Maßstab!" mahnte er; das heißt, behandelt andere genauso, wie ihr selbst behandelt werden wollt. Uns ist vollkommen klar, dass wir nicht verletzt werden wollen, und so können wir leicht verstehen, dass andere gleichermaßen empfinden und sollten deshalb damit aufhören, sie zu verletzen.

Das Gesetz des Karma

Der Buddha lehrte uns, dass alles im Universum, was immer es auch sei, das natürliche Ergebnis einer oder mehrerer Ursachen ist. Aufgrund dieses Naturgesetzes, dem Gesetz des Karma, können wir uns selbst und die Welt, in der wir leben, ganz einfach als ein Ergebnis unserer früheren Handlungen verstehen lernen. Die Welt wird von unserem Geist hervorgebracht, und wir nehmen sie gemäß den Illusionen wahr, die auf unsere früheren Handlungen, auf unser Karma, zurückzuführen sind. Die Art von Welt, die unser Geist wie einen Traum projiziert, hängt von unserem Karma ab. Zum Beispiel erfahren bestimmte Wesen einen Zustand, in dem sie fortwährend leiden, es gibt für sie keinen einzigen Augenblick des Glücks. Wir finden sie in den Höllen, in der Welt der hungrigen Geister oder im Reich der Tiere. Dies ist auf die Tatsache zurückzuführen, dass sie über lange Zeiten hinweg niemals heilsame Handlungen verrichtet haben. Ihre Welt oder ihre Existenz ist das Ergebnis einer langen Periode negativen Verhaltens. Dies hat eine Erfahrung der Welt bewirkt, die durch Leiden gekennzeichnet ist.

Folgendes Wort finden wir in der Lehre des Buddha: „Was ist der Ursprung des Höllenbodens aus glühendem, geschmolzenen Metall, was ruft die Höllenfeuer hervor? – Sie kommen einzig und allein aus dem ichbezogenen Geist". Ichbezogenheit ist die Geisteshaltung, die negative Handlungen hervorruft. Die Welt, in der wir leben, ist einfach eine illusorische Manifestation unseres Geistes. Es ist unser Geist, der die Welt erschafft, in der wir uns befinden, und wenn unser Geist voll negativen Karmas ist, den Ergebnissen unserer früheren Handlungen, dann wird die Welt, die dieser Geist projiziert, unangenehm und voller Leiden sein.

Es gibt nicht nur eine Hölle, sondern achtzehn davon, jede einzelne mit der ihr eigenen Art des Leidens. Warum ist dies so? Weil jedes einzelne Lebewesen, das in diesen Bereichen geboren wird, in der Vergangenheit ein jeweils unterschiedliches Maß an unterschiedlichen negativen Handlungen angehäuft hat. Aus diesem Grund gibt es nicht nur einen Zustand des Höllenleidens, sondern achtzehn verschiedene. Dasselbe gilt für den Bereich der hungrigen Geister. Es heißt, es gäbe vier unterschiedliche Arten von hungrigen Geistern, jede mit der ihr eigenen Form des Leidens, die alle mit Hunger und Durst verbunden sind. Wir können selbst die große Vielfalt jener Wesen betrachten, die dem Bereich der Tiere zuzuordnen sind. Wir wissen, dass einige im Meer leben, andere verbringen ihr Leben an Land oder in der Luft. Einige erleiden die besonderen Qualen, Eigentum des Menschen zu sein und ausgebeutet zu werden; andere sind frei, aber sie leben in der ständigen Angst, anderen zur Beute zu fallen.

Wenn wir unsere Aufmerksamkeit von den niederen Daseinsebenen abwenden und die höheren Bereiche betrachten, finden wir dort dieselbe Vielfalt. In unserem eigenen

Bereich, dem der Menschen, sehen wir, dass einige Menschen glücklich sind, während das Leben von anderen ein großes Maß an Leiden enthält. Der Grund hierfür ist, dass jene, denen es bestimmt war, als Menschen wiedergeboren zu werden, früher eine Mischung aus positiven und negativen Handlungen verübt haben, die im menschlichen Leben sporadisch als Glück oder Leiden heranreifen. Deshalb ist diese Welt weder eine des vollkommenen Glücks, noch eine des vollständigen Leidens.

Es wird gesagt, die Wesen in den niederen Bereichen seien so zahlreich wie die Staubkörner auf einem großen Stück Land; im Vergleich dazu sind jene, die als Menschen oder Götter wiedergeboren werden, so zahlreich wie die Staubkörner einer Fläche von der Größe eines Fingernagels. Der Grund hierfür ist, dass so wenige Wesen im Universum heilsame Handlungen verüben, daher die Ungleichheit in der Zahl der Wesen in den verschiedenen Bereichen.

Man mag der Ansicht sein, nicht über Leid nachzudenken sei besser, weil uns dies nur niederdrücken würde. Eine solche Einstellung ist jedoch ganz verkehrt. Wir machen uns einfach etwas vor. Wenn wir vermeiden, über Leid nachzudenken, können wir niemals wirklich glücklich sein, da wir die geistige Verwirrung nähren, welche die Wurzel unseres derzeitigen Leidens ist. Haben wir einmal das Ausmaß an Leid auf der Welt erkannt, werden wir uns motiviert fühlen, etwas zu tun, um dem ein Ende zu setzen. Es wäre richtig zu sagen, dass unsere wichtigsten Verbündeten in unserem Bemühen Buddhaschaft zu erlangen, jene Wesen sind, die in diesem Augenblick die Qualen der Höllen leiden müssen. Denn dadurch, dass wir uns klar machen, welche Martern sie zu ertragen haben, erhalten wir den Antrieb, so schnell wie möglich Buddhaschaft zu erlangen. Ihr Schmerz ist unsere spirituelle Stimulierung, und als solche ist er für uns sehr kostbar.

Der Buddha hat uns auch gelehrt, dass, wenn wir etwas über unsere Vergangenheit erfahren wollen, wir nur schauen müssen, wer wir heute sind, und dass, wenn wir wissen wollen, was mit uns zukünftig geschehen wird, eine Betrachtung unserer derzeitigen Handlungen genügt. Dies bedeutet, dass wir unser derzeitiges Leben betrachten sollen, wenn wir wirklich wissen wollen, welche Sorte Mensch wir in unseren früheren Leben waren. Wenn wir sehen, wieviel Leid uns zuteil wird und wieviel Glück wir erfahren, dann können wir auf die Qualität der Handlungen schließen, die wir vollbracht haben, ehe dieses Leben begann. Und wenn wir sehen wollen, was mit uns nach dem Tod geschehen wird, können wir es erfahren, sobald wir wissen, dass alles, was immer wir in diesem Leben tun, die zukünftige Art unsere Existenz bestimmen wird. Ein Blick auf die Weise, wie wir uns in diesem Leben verhalten, wird uns zeigen, was aus uns in Zukunft wird. Das ist so, weil das Gesetz des Karma vollkommen unparteiisch ist. Jede gegebene identische Handlung wird für jeden das gleiche Ergebnis zur Folge haben, ganz gleich, wer sie ausgeführt hat. Auch gehen die Taten, die wir vollbringen, niemals verloren. Jede Handlung bewirkt früher oder später das ihr entsprechende Ergebnis. Wir verdanken unsere Kenntnis des Karmagesetzes der Allwissenheit des Buddha. Nachdem er die Funktionsweise dieses Gesetzes in tiefer Meditation erkannt hatte, legte er sie eindeutig in seiner Lehre dar, damit andere aus diesem Wissen Nutzen ziehen und es einsetzen konnten, um ihre eigene Zukunft zu gestalten.

Karma und Glück

Alle menschlichen Wesen sind sich in ihren Bestrebungen gleich. Alle wollen wir glücklich sein und Leid vermeiden. Aber all unseren Bemühungen zum Trotz, jede Form von Leid zu bannen, das uns befallen könnte, finden wir uns als Opfer der Umstände wieder, hilflos dem ausgeliefert, was geschieht. Dieses Gefühl der Ohnmacht ist auf das Wirken des Karmagesetzes zurückzuführen. Ob wir jetzt glücklich sind oder ob wir jetzt leiden, ist schon durch unsere Handlungen, die wir in der Vergangenheit vollbracht haben, bestimmt. Aus diesem Grund ist das Gefühl, dass wir nichts an unserer derzeitigen Situation verändern können, vollkommen gerechtfertigt. Wir kämpfen vergeblich, einfach weil wir nicht verstehen, dass einige Dinge im Leben vorherbestimmt sind.

Stattdessen sollten wir uns lieber mit unserer Zukunft befassen und unsere derzeitige Verhaltensweise sofort ändern, so dass sie jener Art von Zukunft entspricht, die wir uns wünschen. Wenn wir in der Zukunft glücklich sein wollen, müssen wir uns jetzt in heilsamen Handlungen üben. Wenn wir in der Zukunft Leid vermeiden wollen, müssen wir jetzt negative Handlungen vermeiden. Dies ist die einzige Art, wie wir die Ergebnisse erzielen können, die wir anstreben.

Die Früchte unserer Handlungen sind eindeutig bestimmt, sie werden immer dem ureigenen Wesen der Handlung entsprechen. Es ist wie das Pflanzen von Samen. Wenn wir die Samen eines Apfelbaumes und eines Orangenbaumes pflanzen, werden die Früchte der herangewachsenen Bäume dem ursprünglich gesetzten Samen entsprechen. Dasselbe gilt für das Karmagesetz. Welche Taten wir auch immer vollbringen, sie werden alle heranreifen und Frucht tragen in Form von Glück oder Leid, entsprechend dem Samen, den wir zum Zeitpunkt der ursprünglichen Handlung ausgestreut haben. Es gibt keine Möglichkeit, dieses Naturgesetz zu verändern. Aus diesem Grund ist es wichtig, dass wir die Handlungen, die wir ausführen, sehr genau bedenken, wenn wir glücklich sein und Leid vermeiden wollen.

Was eine Handlung positiv oder negativ macht, ist die Geisteshaltung, die wir dabei einnehmen. Wenn wir vorwiegend an uns selbst denken, während wir etwas tun, wird unsere Handlung durch Ichanhaften verunreinigt sein. Sie wird dann zu einer negativen Handlung, die Leiden nach sich zieht. Wenn es dagegen unsere einzige Absicht ist, einem anderen gegenüber hilfreich zu sein, wird die Handlung positiv sein und Glück hervorrufen, einfach weil kein Ichanhaften im Spiel war.

All die verschiedenen Formen des Glücks, die wir in der Welt sehen – Wohlstand, Zufriedenheit, Eintracht, Kreativität und so weiter – werden durch den Segen der Buddhas möglich gemacht. Dies ist es, was die Bodhisattvas* auf ihrem spirituellen Weg zu dem Wunsch inspiriert, dass alle lebenden Wesen der Zukunft ohne Mühe finden mögen, was sie brauchen, dass alles, was sie glücklich machen würde, geschehen, und was sie sich wünschen, sich erfüllen möge. Die Bodhisattvas widmen stets alle Verdienste, die sie ansammeln, dem Wohl aller Lebewesen, damit diese das Glück finden mögen, nach dem sie suchen. Und es ist das Ergebnis dieser speziellen, auf der Ausübung von Tugend gegründeten Wünsche, dass es in dieser Welt ein solch großes Glückspotential gibt.

Aber jedes Individuum kann sich dieses Glück nur dann zunutze machen, wenn es zuvor gutes Karma angesammelt hat. Es gibt viele, die unglücklich sind, die leiden, in Schwierigkeiten oder arm sind. Dies ist nicht auf die Unwirksamkeit der Wünsche der Bodhisattvas zurückzuführen, sondern auf die negativen Handlungen der eigenen Vergangenheit. Sie haben zur Folge, dass diese Menschen aus den Wünschen, die von den Bodhisattvas gemacht wurden, keinen Nutzen ziehen können.

Auch wir sollten dem Beispiel der Bodhisattvas folgen und so viele heilsame Handlungen wie möglich ansammeln, um dann die Auswirkungen dem Glück aller lebenden Wesen im Universum zu widmen. Nach einer solchen Widmung sollten wir fortfahren mit Wünschen, genau wie die Bodhisattvas es tun, indem wir Gebete sprechen, dass durch dieses Verdienst alle fühlenden Wesen Glück erfahren und nie in Not geraten mögen. Auf diese Weise üben wir uns darin, Bodhisattvas zu sein, indem wir dem Beispiel der Bodhisattvas folgen.

In den sechs Daseinsbereichen, die zusammen das Universum ausmachen, finden wir auch die Götterwelten, in denen alle, die dort geboren werden, während ihrer Lebenszeit als Gott großes Glück erfahren. Leid ist ihnen unbekannt. Was führt dazu, dass jemand als Gott geboren wird? Es ist die frühere Ansammlung von Verdienst, dessen Anhäufung nicht mit Weisheit verbunden war. Es ist Verdienst, das von Konzepten eingeschränkt ist, Bezugspunkten des Geistes, die diesen im Reich von Subjekt, Objekt und Handlung gefangen halten. Wer diese Art von Verdienst schafft, hat nicht verstanden, seinen Geist in einem Zustand von Weisheit zu belassen, frei von beschränkenden Gedanken an Subjekt, Objekt und Handlung. Er ist unfähig, die angehäuften Verdienste den anderen Lebewesen zu widmen, mit dem Ergebnis, dass das Angesammelte heranreift in der Wiedergeburt als ein Gott. Das Glück, das dort erfahren wird, ist nicht von Dauer. Früher oder später wird es aufgebraucht sein. An diesem Punkt wird das Wesen in der Götterwelt, da ihm kein Verdienst mehr verbleibt, unausweichlich in die niederen Formen der Existenz hinabfallen, wo sein Leiden keine Grenzen kennen wird.

Daraus können wir ersehen, dass diese Art von Glück unzuverlässig ist, so dass wir nicht nach einer solchen Wiedergeburt streben sollten. Statt dessen sollten wir alle Verdienste, die wir ansammeln, dem Nutzen der lebenden Wesen widmen und den Geist nach jeder Widmung in einem Zustand der vollkommenen Offenheit ruhen lassen, frei von allen Bezugspunkten. In diesem Zustand ist der Geist frei von Anhaftungen an Vorstellungen von Subjekt, Objekt und Handlung. Die so angesammelten Verdienste können niemals aufgebraucht werden, sie werden unerschöpflich.

Wenn wir es ernst meinen mit unserer Anwendung der Lehre des Buddha, müssen wir jegliche Beschäftigung mit den Dingen dieser Welt aufgeben und uns vollkommen mit Körper, Rede und Geist unseren spirituellen Zielen widmen. Wir sollten die Früchte von allem, was wir tun, dem Wohl der anderen Lebewesen widmen. Wenn wir auf diese Weise handeln, werden wir Stück für Stück auf dem Weg eines Bodhisattvas fortschreiten, bis wir die höchste, vollkommene Erleuchtung erreichen. In jenem Augenblick sind wir von allem Leid befreit, und – was wichtiger ist – uneingeschränkt fähig, auch andere von ihrem Leid zu befreien. Unsere Aktivität wird so weitreichend wie der Himmel, wir können ohne die geringste Beschränkung handeln mit Möglichkeiten, die uns vordem unbekannt waren.

Aus diesem Grund ist es sehr wichtig, das Wirken des unfehlbaren Karmagesetzes, des Gesetzes von Ursache und Wirkung, zu kennen und ihm zu vertrauen. Nur wenn wir dieses Gesetz vollkommen verstanden haben, können wir die wesensmäßige Unzulänglichkeit der zyklischen Existenz erkennen.

Die Emotionen und das Ego

Letztendlich entbehrt der Kreislauf der Existenzen jeder wahren Realität. Solange der Geist durch Unwissenheit verdunkelt ist, kann er jedoch dieser Tatsache nicht gewahr werden, weshalb er sich seine eigene Realität schafft. Im Geiste jedes Individuums entwickelt sich eine sehr subtile Vorstellung von einem Selbst oder einem Ich, ein Gefühl von Identität, das sich nach und nach zu dem verhärtet, was wir „Ichanhaften" nennen.

Die Vorstellung von einem Selbst schließt automatisch den Gedanken an „das Andere" mit ein, und wir finden uns als Handelnde in einer dualistischen Welt wieder. Unser Geist wird von der Weise beeinflusst, wie wir das Verhältnis zwischen uns und anderen beurteilen. Wir sehen einige Personen als uns nahestehend an, andere stehen uns fern. Wir fühlen uns zu einigen hingezogen und empfinden Abneigung gegenüber anderen. Diese Reaktionen führen dazu, dass der Geist ständig von den fünf emotionalen Grundzuständen geplagt wird, und dies wiederum ruft weitere automatische Reaktionen in unserem Verhalten hervor. Sobald diese vielfältigen Reaktionen heranreifen, bestimmen sie die Form der uns umgebenden Welt.

So ist die Welt, in der wir leben, tatsächlich nichts anderes als ein illusionäres Produkt der verblendeten Aktivität unseres Geistes. Sie ist das Produkt des Geistes, ohne irgendwelche wahre Realität. Aber solange wir dies nicht verstanden haben, sind wir davon überzeugt, dass die Welt existiert. Und wenn wir handeln, tun wir dies in der vollkommenen Überzeugung, dass unsere Handlungen wichtig sind, dass sie irgendeinen Einfluss auf die Welt haben werden, die uns umgibt.

Es ist, wie wenn man schläft und träumt. Im Traum glauben wir, dass die Welt, die der Geist geschaffen hat, real sei, und so verschwenden wir unsere Energie mit der Ausführung aller möglichen Handlungen, um den Gang der Dinge im Traum zu verändern. Wenn wir nicht erfolgreich sind, leiden wir und sind frustriert. Genau das passiert auch in unserem wachen Leben. All die verschiedenen Handlungen, die wir in unserem täglichen Leben ausführen, sind darauf ausgerichtet, unsere Wünsche zu befriedigen, und oft sind unsere Bemühungen nicht erfolgreich. Aber selbst wenn wir das erhalten, wonach wir streben, besteht die Möglichkeit, es wieder zu verlieren. Was immer wir auch tun mögen, um eine Situation zu vermeiden, wir können doch mit ihr konfrontiert werden. Ein andermal sind wir bereit, alles zu tun, um eine Situation herbeizuführen, doch sie will sich einfach nicht einstellen. Unser ganzes Leben ist voller Frustrationen. Wenn es regnet, gefällt uns die Nässe nicht; wenn es nicht regnet, machen wir uns Sorgen wegen der Dürre. Nichts ist perfekt. Alle diese verschiedenen Reaktionen gehen auf die Forderungen des Ego zurück. Deshalb lehrte der Buddha, dass Ichanhaften die Wurzel der gesamten zyklischen Existenz ist.

Alle grundlegenden Emotionen, die wir erfahren – Gier, Hass, Verblendung, Neid und Stolz – sind darauf ausgerichtet, dem Ego zu irgendeinem Nutzen zu verhelfen. Handeln wir aufgrund des Impulses einer Emotion, so tun wir das, um zu gewährleisten, dass das Ego weiter existieren kann. Dies führt uns dazu, viele nichtheilsame Handlungen auszuführen, um unser Ego zu stützen, die alle im Leiden enden. Zum Zeitpunkt des Todes werden wir alles, was wir über viele Jahre angehäuft haben – Besitz, Macht und Wohlstand – zurücklassen müssen. Natürlich werden wir keinen Wert darauf legen, die Resultate all der negativen Handlungen mit uns zu nehmen, die wir im Dienst des Ego vollbracht haben, aber leider haben wir keine andere Wahl. Das Karma, das wir angesammelt haben, folgt uns, und genau zu diesem Zeitpunkt wird es uns großes Leid bereiten.

Wenn wir sorgfältig über die unbefriedigende Natur des gewöhnlichen, weltlichen Daseins nachdenken, werden wir erkennen, dass es durch Leid gekennzeichnet ist. Deshalb sollten wir direkt die Buddhaschaft anstreben und unseren Geist von weltlichen Werten abwenden. Wenn wir dies tun, bekommt unser spiritueller Weg ein festes Fundament, weshalb es heißt, Entsagung seien die Füße der Meditation, die uns der vollkommenen Erleuchtung entgegentragen.

Als menschliche Wesen stehen wir oft vor der Entscheidung, welchen Weg wir wählen sollen. Es ist, als würden wir an einer Weggabelung stehen, wir können entweder nach links oder nach rechts gehen. Wie entscheiden wir uns? Das hängt von dem jeweiligen Grad an Bewusstheit oder Verblendung in unserem Geist ab. Wenn wir in der Verblendung bleiben und noch immer davon überzeugt sind, dass wir in dieser Welt dauerhaftes Glück finden können, so werden alle unsere Bemühungen darauf ausgerichtet sein, uns glücklich zu machen und Leid zu vermeiden. Solange wir jedoch bezüglich der wahren Wirklichkeit der Welt in Verblendung verharren, werden alle unsere Bemühungen vergeblich sein. Wir können kein dauerhaftes Glück schaffen, sondern leiden weiter, von Leben zu Leben, und drehen uns im Kreis von einer Spielart des Leidens zur nächsten. Wenn wir dagegen Bewusstheit wählen, beweist dies unsere Einsicht, dass der Kreislauf des Daseins durch Leiden gekennzeichnet ist. Der einzige Weg, dem Leiden ein für allemal ein Ende zu setzen, besteht darin, nach Buddhaschaft zu streben und das gewöhnliche weltliche Leben vollkommen zu überwinden.

Darin besteht die Entscheidung, die wir als menschliche Wesen fällen müssen. Und es ist eine Entscheidung, die wir jetzt treffen sollten, wenn wir wollen, dass sie sich auf unsere Zukunft auswirkt. Wenn wir bis zum Zeitpunkt unseres Todes warten, wird es zu spät sein.

Die vier edlen Wahrheiten und die Emotionen

Wir haben gesehen, dass wir all unsere Leiden unseren nichtheilsamen Handlungen zuzuschreiben haben. Jede unter dem Einfluss eines der fünf Geistesgifte ausgeführte Tat ist zwangsläufig eine negative Handlung und wird zu Leiden führen. Solche durch störende Gefühle motivierte Handlungen sind es, die wir aufgeben müssen. Bis wir dies tun, müssen wir die Leiden dieser gegenwärtigen Existenz ertragen. Dies vollkommen einzusehen, bedeutet Einsicht in die erste der vier edlen Wahrheiten – die edle Wahrheit des Leidens.

Wegen unserer hartnäckigen Gewohnheit, an der Vorstellung von einem Ich oder einem Ego zu haften, betrachten wir unseren Körper mit seinen fünf psycho-physischen

Bestandteilen[5] als den „unsrigen", wir denken, dies sei unsere eigene Person und identifizieren uns damit. Diese Einstellung ist die Ursache unserer Leiden, da sie bewirkt, dass wir ständig von Emotionen aufgestört werden. Und genau diese bringen uns dazu, auf negative Weise zu handeln, was Leiden nach sich zieht. Dies ist die zweite Wahrheit – die edle Wahrheit von der Ursache des Leidens. Die fünf Geistesgifte sind der Grund für unser Leiden, weil wir durch sie negative Handlungen begehen.

Wären wir in der Lage, den emotionalen Störungen in unserem Geist ein Ende zu setzen, dann könnten wir frei von Leid sein. Dies ist die dritte Wahrheit – die edle Wahrheit von der Überwindung des Leidens.

Wenn wir uns über die verschiedenen Stufen des vom Buddha gelehrten Weges emporarbeiten, werden wir in der Lage sein, Erleuchtung zu erlangen. Dann werden alle Hindernisse, einschließlich der fünf störenden Gefühle, endgültig überwunden sein. Dies ist die vierte Wahrheit – die edle Wahrheit des Weges, der aus dem Leiden herausführt.

Dies sind, kurz zusammengefasst, die wichtigsten Punkte der ersten Lehrrede, die Buddha Shakyamuni wenige Tage nach seiner Erleuchtung in Benares hielt.

---

5 Diese *fünf psycho-physischen Bestandteilen* oder Aggregate (skt.: Skandhas*) sind Form, Empfinden, unterscheidende Wahrnehmung, Gestaltungskräfte und Bewusstsein.

Emotionen und Wiedergeburt

Der Text fährt dann fort mit der Erklärung, dass, wenn unser Geist durch das Gefühl der Gier beeinflusst ist, dies schließlich zu einer Wiedergeburt als hungriger Geist führen wird; wenn wir unter dem starken Einfluss von Hass stehen, werden wir in den Höllen wiedergeboren werden; wenn unser Geist von Verblendung oder geistiger Dumpfheit überwältigt ist, wartet ein Leben als Tier auf uns; durch Neid werden wir als Halbgott wiedergeboren, während Stolz zu einer Geburt als Gott oder menschliches Wesen führt. Dies sind nur ganz allgemeine Hinweise, die sich auf sehr starke Gefühlszustände beziehen. Das heißt nicht, dass beispielsweise jeder Wutanfall zu einer Wiedergeburt in den Höllen führt. Das Gesetz des Karma ist um vieles subtiler und komplexer.

Nur wenn wir uns über einen längeren Zeitraum oder zu einem kritischen Zeitpunkt, wie dem Augenblick unseres Todes, vom Gefühl des Hasses beherrschen lassen, werden wir als Ergebnis direkt den Höllen verfallen. Unter anderen Umständen könnte Hass auch die Wiedergeburt als Halbgott bewirken, in einem Bereich, wo viel gekämpft und gestritten wird, oder wir könnten auch als Mensch geboren werden und uns häufig in Konflikten verstrickt finden. Vielleicht werden wir zu einer Person, deren Zorn schnell zum Ausbruch kommt oder ein Mensch mit einer sehr aggressiven Persönlichkeit. Dasselbe gilt für alle anderen störende

Gefühle. Obwohl, wie schon erklärt wurde, jedes störende Gefühl in einer bestimmten Art von Existenzen dominiert, sind all diese Emotionen zu einem gewissen Grad in jedem Daseinsbereich vorzufinden.

Wenn wir in einer der drei niederen Welten geboren werden – den Höllen, dem Reich der hungrigen Geister oder dem Reich der Tiere – bedeutet das unerträgliches Leid ohne Unterbrechung. Werden wir in den höheren Daseinsbereichen der Götter, der Halbgötter oder der Menschen geboren, mögen wir zwar bis zu einem gewissen Grad glücklich sein, aber auf eine vergängliche Weise. Wegen seiner Vergänglichkeit wird unser hart erkämpftes Glück früher oder später von Leiden abgelöst werden, ein Wechsel, der sehr schnell vonstatten gehen kann. Wir wissen alle selbst, dass wir als menschliche Wesen mit den vier Wesensmerkmalen der menschlichen Existenz konfrontiert sind: Geburt, Alter, Krankheit, Tod – all dies in unzähligen Wiederholungen, ohne irgendeine Aussicht auf Befreiung von den Schmerzen des Menschseins.

Die Wurzel all dieser Qualen ist die Aktivität der fünf Geistesgifte, die wir deshalb aufgeben müssen. Wenn wir davon immer noch nicht überzeugt sind, sollten wir uns nur umschauen und die Leute betrachten, die wir kennen. Wir können selbst sehen, dass jeder Mensch in seinem Geist von einem anderen Gefühl beherrscht wird. Bei manchen ist es das Gefühl der Gier, das am heftigsten ist, und ein Großteil des Leidens in ihrem Leben ist auf durch Gier motivierte Handlungen zurückzuführen. Bei anderen ist Hass das Hauptgefühl; bei wieder anderen ist es der Geiz, der sie in bestimmten Situationen auf unterschiedliche Weise reagieren lässt.

Der Grund, weshalb bei Menschen jede der fünf hauptsächlichen Emotionen vorherrschen kann, liegt in unseren Handlungen in früheren Leben. Wenn wir in der Vergangenheit Taten angesammelt haben, die vor allem durch Hass und Wut als die aktivste Form des Gefühls motiviert waren, finden wir jetzt Hass und Wut als die aktivste Form des Gefühls in uns vor. Dasselbe gilt für die anderen störenden Gefühle. Das Verständnis des Gesetzes von Ursache und Wirkung hilft uns begreifen, warum einige Emotionen stärker und aktiver sind als andere.

Von den Vorteilen, die Emotionen aufzugeben

Wie immer unsere Emotionen geartet sein mögen, nur indem wir sie aufgeben, können wir das Leid vermeiden, das sie verursachen. Die Vorstellung, Emotionen aufzugeben, ist für uns häufig recht schwierig zu akzeptieren, selbst wenn es bedeutet, dadurch auch das damit verbundene Leid loszuwerden. Der Grund hierfür liegt darin, dass wir durch unser Ichanhaften bestimmt sind und es uns unangenehm ist, auf Ratschläge zu hören, die den Einfluss des Ego schwächen. Nur wenn wir solche Unterweisungen im Geist behalten und regelmäßig über sie nachdenken, werden sich unsere Einstellungen nach und nach durch ihre Anwendung in der Praxis umformen. Wenn wir Ratschläge hören und dabei nur die angenehmen Teile behalten, die deshalb anziehend erscheinen, weil sie uns erlauben, so zu bleiben, wie wir sind, wird später, wenn wir versuchen, diese isolierten Teilaspekte in die Tat umzusetzen, nur das Ego stärker werden, weil es sich die Ratschläge herausgesucht hat, die mit dem übereinstimmen, was es für sich will. Deshalb müssen wir uns davor hüten, diesen Fehler zu begehen und annehmen, was der Buddha lehrte, ohne eine persönliche Auswahl zu treffen.

Offensichtlich sind wir ganz glücklich dabei, die verschiedenen Vorstellungen und Gedanken willkommen zu heißen, die erscheinen, wenn unser Geist durch die fünf störenden Gefühle erregt wird. Wir lassen unseren Geist gern von diesen emotionalen Zuständen beherrschen. Dagegen sind wir weniger begeistert, wenn es wirklich darum geht, die Leiden zu erfahren, die in den drei niederen Daseinsbereichen daraus folgen.

Wann immer der Geist von Gedanken heimgesucht wird, die mit den fünf störenden Gefühlen zusammenhängen, sollten wir nicht einfach tatenlos verharren. Dann ist der Augenblick gekommen, die Unterweisungen zu befolgen, die von Buddha Shakyamuni zu diesem Thema gegeben wurden. Der Buddha ist der König aller Lehren, und seine Unterweisungen sollten dieselbe Achtung genießen, wie die Anordnungen eines mächtigen Königs, es sind Anordnungen, die nicht ohne drastische Folgen missachtet werden können. Buddhas Unterweisungen zu ignorieren, wird viel Leid über uns bringen. Wenn wir uns angesichts der störenden Gefühle nicht um heilsames Verhalten bemühen, wie es uns von Buddha Shakyamuni gelehrt wurde, werden wir viele Hunderte und Tausende Leben lang in den niederen Bereichen wiedergeboren werden, dazu verdammt, diese Leiden zu ertragen.

Die Aktivität der fünf störenden Gefühle muss beruhigt werden, und die einzige Methode, diese Gefühle zu meistern, liegt in der Anwendung der Lehre des Buddha. Ansonsten wird die andauernde Störung durch unsere Emotionen weiterhin bewirken, dass wir den niederen Bereichen anheimfallen, wo wir in der Folge viele Leben lang unendliche Leiden ertragen müssen.

Da wir in dieser Welt geboren sind, wissen wir, dass wir früher oder später auch sterben müssen, und dass der Augenblick des Todes eine Erfahrung ist, die nicht leicht zu bewältigen ist. Wenn wir die Unterweisungen des Buddha bezüglich der rechten Einstellung gegenüber den Emotionen nicht befolgen, werden die Leiden, die wir im Augenblick des Todes erfahren, sich um den Faktor einhunderttausend vervielfachen. Indem wir lernen, unsere emotionalen Neigungen zu verändern, werden wir eine solche ethische Haltung entwickeln, dass es scheint, obwohl wir sterben müssen, als ob der Tod für uns nicht existiert.

Denn im Augenblick des Todes werden wir sofort mit einem subtilen Körper in einer sehr angenehmen Daseinsform wiedergeboren werden und vermeiden so in diesem Moment jedes Leid.

Überlegungen, die uns helfen, Emotionen aufzugeben

Wenn wir unsere Verpflichtungen und Gelübde[6] aus Anhaftung für etwas sehr Schönes oder Anziehendes aufgeben, sind wir wie die Motte, die vom Licht einer Butterlampe in Versuchung geführt wird. Wegen ihrer Anhaftung wird die Motte in die Flammen stürzen und sterben. Immer wenn wir uns Anhaftung an irgendein angenehmes Objekt gestatten, benehmen wir uns genau wie Motten und führen unseren eigenen Untergang herbei.

Wenn der Geist von einer Unmenge ineinander verstrickter Emotionen überfallen wird, klammern wir uns vielleicht an ein undeutliches Gefühl der Bequemlichkeit und Sicherheit, das dieser Zustand des Geistes für uns bereithält. In dieses Gefühl gewöhnlichen Glücks einzutauchen ist, als ob man Heu auf einer Feuerstelle ausbrei-

---

6 *Verpflichtungen und Gelübde* können wir auf drei Ebenen eingehen: die Gelübde des ethischen Verhaltens auf der äußeren Ebene der Selbstbefreiung, die Bodhisattva-Gelübde auf der inneren Ebene der Motivation und die Verpflichtungen in Bezug auf die Vajrayana-Praxis (Samayas*) auf der geheimen Ebene des Geistes.

tet, deren Kohlen noch glühen, um sich darauf zur Ruhe zu legen. Das Heu erscheint einem sehr bequem und man genießt das Gefühl der Wärme, das die erlöschende Glut spendet. Kaum ist man aber eingeschlafen, wird das Heu plötzlich in Flammen ausbrechen und einen bei lebendigem Leib verbrennen.

Wenn wir unsere Verpflichtungen vergessen, die wir bezüglich unseres Umgangs mit Essen und Trinken eingegangen sind und zu viel Alkohol trinken oder zu viel Fleisch essen, so heißt es, dass dies wie ein Genuss sei, den man empfindet, wenn man Honig von einer Rasierklinge leckt – ein gefährliches Vergnügen, da man sich ziemlich sicher die Zunge zerschneiden würde.

Mächtige Feinde können wir dadurch in Schach zu halten versuchen, dass wir sie töten oder ihren Besitz stehlen, aber es wird uns niemals gelingen, sie alle zu überwinden. Im Gegenteil, wir berauben uns selbst des Glücks, nicht für eine, sondern für unzählig viele Lebenszeiten. Dazu kommt, dass die in vielen Leben, im Zeitraum von Hunderten und Tausenden von Äonen angesammelten Verdienste in einem einzigen Augenblick der Wut zerstört werden können. Deshalb ist es sehr wichtig, die Vorstellung von Feinden aufzugeben, die um jeden Preis vernichtet oder besiegt werden müssten.

Eine Biene, die Anhaftung an den Honig entwickelt, den sie herstellt, bleibt an ihm hängen, kann sich nicht mehr befreien und stirbt. Dieses Beispiel zeigt uns, was passiert, wenn wir uns gestatten, am gewöhnlichen Glück und an der Zufriedenheit dieser Welt zu haften. Wir bleiben kleben an der zyklischen Existenz, ohne eine Chance, uns jemals wieder daraus zu befreien. Aus diesem Grund sollten wir lernen, wenige Wünsche zu haben, Zufriedenheit entwickeln und uns mit dem begnügen, was wir haben.

Das störende Gefühl der Dummheit oder geistigen Dumpfheit tritt als Schlaf in Erscheinung. Schlaf ist etwas, das uns der Gelegenheit beraubt, uns in heilsamen Handlungen zu üben. Selbst wenn wir hundert Jahre leben sollten, nach jedem Maßstab ein langes Leben, verbringen wir ungefähr die Hälfte dieser Zeit in einem leichenähnlichen Zustand, eine vollkommene Zeitverschwendung. Traditionell werden im Zusammenhang mit dem Schlaf ungefähr zwanzig verschiedene Nachteile genannt, die aber alle auf die Tatsache hinauslaufen, dass wir im Schlaf nicht heilsam handeln können. Wir sollten deshalb danach streben, weniger zu schlafen und mehr Zeit darauf verwenden, etwas Sinnvolleres zu tun.

Ein weiterer Aspekt der geistigen Dumpfheit besteht darin, dass wir Richtiges nicht von Falschem unterscheiden können. Wie bringen völlig durcheinander, was die Lehre des Buddha ist und was nicht. Dies kann dazu führen, dass wir den wahren Dharma verschmähen und verherrlichen, was nicht authentisch ist. Es wird gesagt, ein solcher Fehler sei damit zu vergleichen, dass ein Mensch sich die Zunge abschneidet, weil er kein Essen hat. Die Handlung ist sinnlos, denn dieser Mensch beraubt sich damit der Möglichkeit, den Geschmack von Nahrung zu genießen, wenn er wieder welche bekommt. Wenn wir Unterweisungen zum Gesetz von Ursache und Wirkung hören und darüber, was aufgegeben und was angenommen werden sollte, welches die positiven Qualitäten und Fehler der verschiedenen Aspekte unseres täglichen Lebens sind, aber dennoch ihre wahre Bedeutung missverstehen, geraten unsere Ansichten in Gegensatz zu denen des Buddha. Wir verkehren sie in ihr absolutes Gegenteil und behaupten, was nicht wahr ist, sei wahr und was wahr ist, sei nicht wahr. Wenn wir hartnäckig an solch einer Fehlinterpretation festhalten, sammeln wir sehr schlechtes Karma an, das durch Eingeständnis und Bereuen allein nicht gereinigt werden kann. Aus diesem Grund können wir es uns nicht erlauben, weiterhin unter dem Einfluss von geistiger Dumpfheit oder Dummheit zu verharren.

Eine weitere Form der Verblendung, mit der wir uns beschäftigen müssen, ist der Neid. Wenn wir, so der Text, aus dem Drang heraus, der Beste oder der Wichtigste sein zu wollen, anderen gegenüber neidvoll handeln, so laufen wir Gefahr, einen Bodhisattva zu verunglimpfen. Es wird gesagt, dass es im ganzen Universum keine schlimmere Tat gäbe als diese, und dass ihre Folgen noch gravierender seien als jene, die das Töten eines Menschen nach sich zieht. Um diese Möglichkeit auszuschließen, müssen wir allem Neid entsagen, den wir gegenüber anderen hegen.

Jemand, der die Mönchsgelübde genommen hat, mag dadurch Stolz entwickeln und sich beglückwünschen, rein und tugendhaft zu sein, jemand ganz Besonderes, dem gewöhnlichen Menschen, der noch immer an weltlichen Vorstellungen von Reichtum und Wohlstand festhält, weit überlegen. Jeder, der sich ein solches Gefühl der Überlegenheit zu eigen macht, wird seine tugendhafte Handlungsweise verunreinigen.

Wenn wir die Gelübde nehmen und zu einem Teil der Mönchsgemeinde werden, sollte der einzige Gedanke in unserem Geist sein, frohgemut den Spuren des Buddha zu folgen. Es sollte nicht mit dem Ziel geschehen, besser oder reiner als andere zu werden. Jeder, der die Mönchsroben trägt, wird Teil der Sangha, des dritten der Drei Juwelen*. Wir sollten niemals auf einen solchen Menschen herabblicken, selbst wenn sein Verhalten äußerlich vielleicht nicht frei von Makel zu sein scheint. Denn es ist uns nicht möglich, in ihn hineinzublicken und seine Motivation oder seinen Geisteszustand wirklich zu verstehen. Das gleiche gilt für jeden Praktizierenden wie überhaupt für jeden anderen auch. Statt dessen geht es darum, eine reine Sichtweise zu entwickeln, die ernsthafte Einsicht, dass allen lebenden Wesen der Buddhageist zu eigen ist. Es gibt keinen Grund, irgendein lebendes Wesen zu verachten oder als wertlos zu betrachten. Sogar das kleinste Insekt hat die Buddhanatur und wird eines Tages Erleuchtung erlangen. Es ist wichtig, sich dauernd in dieser unverblendeten Sichtweise zu üben und jedem lebenden Wesen tiefen Respekt entgegenzubringen.

Allgemein gesprochen täten wir gut daran, uns selbst in einer Weise zu sehen, in der wir uns allen anderen Wesen gegenüber als geringer betrachten. Auf diese Weise werden wir niemals Emotionen wie Stolz und Neid zum Opfer fallen.

Diese Überlegungen, die uns ermutigen sollen, die fünf Geistesgifte aufzugeben, bringen uns zum Ende des Abschnittes, der sich mit der Aufgabe der störenden Gefühle beschäftigt. Die in diesem Teil umrissenen Methoden werden hauptsächlich in der Tradition der Shravakas* angewandt, der Tradition der Hörer.

II. Den Emotionen entgegenwirken

Dieser zweite Abschnitt beschäftigt sich damit, wie man die störenden Gefühle durch den Einsatz geeigneter Mittel besänftigt.

Meditationen, die der Begierde entgegenwirken

Es kann vorkommen, dass wir ein starkes Verlangen nach einem bestimmten Mann oder einer bestimmten Frau entwickeln, nach einem Menschen, der so ansprechend aussieht, dass wir uns zu ihm hingezogen fühlen, sobald wir ihn sehen. Lasst uns genau betrachten, wie es um diesen so anziehenden Menschen in Wirklichkeit bestellt ist. Obwohl er oder sie von sehr angenehmem Äußeren sein mag, verbirgt diese Hülle viele wenig anziehende Substanzen. Die Person ist wie eine goldene Vase, gefüllt mit solchen Dingen wie Urin und Exkrementen. Der Körper ist nichts anderes als ein Sack, der mit den zweiunddreißig ‚unreinen'[7] Substanzen der traditionellen Liste gefüllt ist. Der Oberkörper ist voll von Blut, Eiter und Hirnflüssigkeit; der Unterkörper ist voll von Urin und Exkrementen, Galle und Lymphe. Wenn man sich vor Augen hält, was der Mensch wirklich ist, kann man sich nur noch fragen, was man an ihm eigentlich so anziehend findet.

Der Körper beherbergt auch 84 000 Arten von Würmern, die immerfort daran arbeiten, ihn zu zerstören. Wenn wir uns zu jemanden hingezogen fühlen, der gerade von Würmern verspeist wird, machen wir da nicht einen groben Fehler? Diese Überlegung wird die tiefe Kontemplation über die Unreinheiten des Körpers genannt.

Wenn jemand stirbt und sein Körper ausgelegt wird, um von den wilden Geiern gefressen zu werden[8], können wir das Gerippe sehr deutlich sehen. Wir finden es fürchterlich und schrecken vor ihm zurück. Jedoch ist es genau dasselbe Gerippe in unserem Körper, wenn wir leben, in unserem Körper und in dem von anderen. Wenn wir uns dies

---

7 *unrein* bedeutet hier karmisch bedingt

8 In Tibet ist die Luftbestattung üblich. Dabei werden die Verstorbenen nach Ablauf der Sterbezeremonie an die Geier verfüttert. Diese Form der Bestattung hat praktische Gründe, weil in den großen Höhen die Böden oft tiefgefroren sind und es an Holz mangelt, so dass Erd- und Feuerbestattung kaum in Frage kommt.

genau überlegen, werden wir keine Gier und Anhaftung gegenüber einem solchen Gerippe entwickeln, das nur in die verschiedenen anderen Teile des lebendigen Körpers gehüllt ist.

Wir können uns auch die Leiche der von uns geliebten Person vorstellen, so voll von Würmern, dass das Fleisch mit kriechendem Gewürm bedeckt ist. Wir können uns verschiedene Leichen in unterschiedlichen Stadien der Verwesung vorstellen, einige von soeben Verstorbenen, andere, die schon teilweise verwest sind und einen fürchterlichen Gestank von sich geben.

Wir können über ein Gerippe meditieren, das von überhaupt keinem Fleisch mehr bedeckt ist, die weit geöffneten Augenhöhlen total leer. Im Geist vervielfältigen wir die Zahl der Leichen immer und immer wieder, bis der Ort vor uns über und über mit toten Körpern bedeckt ist. Es ist wichtig, solche Visualisierungen bis in die kleinste Einzelheit genau durchzuführen.

Gemäß einer anderen Version können wir uns vorstellen, wie unser eigener Körper oder der der Person, zu der wir uns hingezogen fühlen, zunehmend verfällt. Wir beginnen mit der äußeren Haut, die sich auflöst, um in grausiger Detailliertheit die Organe sichtbar werden zu lassen, dann verschwinden eines nach dem anderen die Organe, bis nur das Gerippe übrig bleibt.

Wir können uns auch vorstellen, dass das Innere des Körpers nach außen gewendet ist, so dass alle Organe, die wir normalerweise nicht sehen, wie die Lungen, das Herz, die Leber und so weiter, deutlich gezeigt werden. Die letzten fünf Meditationen sind als die tiefe Kontemplation der nicht anziehenden Aspekte des Körpers bekannt.

Es wird gesagt, dass jede einzelne dieser Methoden sehr wirksam sei, das Gift des Verlangens zu überwinden. Mehr noch, man kann diese Art der Meditation auch auf andere Emotionen übertragen. Wann immer wir uns darum bemühen, unsere Reaktionen auf irgendeinen anderen Menschen zu überwinden – sei es eine positive, die durch Verlangen hervorgerufen wurde, oder eine negative, die durch Hass und Abneigung aufgekommen war – kann diese Art von Meditation das störende Gefühl vernichten. Sie überwindet auch Stolz, denn wenn wir in dieser Art über uns selbst meditieren, wird jede Art von Stolz, eine angenehme Person zu sein, verschwinden.

Es heißt, dass diese Gruppe von Übungen die wichtigsten Meditationen einschließt, die im Vinaya* gelehrt werden. In der Tat sind es die Shravakas*, die sich auf die Kontemplation des unreinen Inhalts des lebenden Körpers konzentrieren. Die Arhats* gehen einen Schritt weiter und wenden eine Reihe von Meditationen über den Verfall des Körpers an, die auf Betrachtungen auf Friedhöfen und Verbrennungsplätzen gründen. Das Ziel solcher Meditationspraktiken ist es, ein echtes Verständnis der Vergänglichkeit und des Nichtvorhandenseins einer dauerhaften Identität des Körpers zu entwickeln. Dieselben Meditationen werden hier dazu angewandt, das Verlangen nach dem physischen Körper zu überwinden.

Durch solche Praktiken können wir unsere Vorstellung von der eigenen Bedeutsamkeit abbauen. Normalerweise halten wir uns für anziehend und gut aussehend. Wenn wir uns aber regelmäßig die Tatsache vor Augen halten, dass unser Körper nur eine Anhäufung von unreinen Substanzen ist, werden wir nicht mehr an dem Idealbild haften, das wir von uns zeichnen. Diese Meditationen bieten das Gegenmittel für jede Vorstellung, die wir von unserer eigenen Schönheit haben. In einem weiteren Sinn hilft dieselbe Meditation, uns die Vergänglichkeit und Verletzlichkeit des Körpers zu vergegenwärtigen. Wir sehen, dass der Körper nichts Stabiles ist, und dies ist der erste Schritt, die Weisheit des Nicht-Selbst zu entwickeln.

Liebe und Geduld als Mittel gegen Zorn und Hass

Das Heilmittel für Zorn besteht darin, mit großer Sorgfalt über die Tatsache nachzudenken, dass alle lebenden Wesen im gesamten Universum, ganz gleich in welchem Zustand der Existenz sie sich jetzt befinden mögen, ausnahmslos zu irgendeinem Zeitpunkt unsere Eltern gewesen sind, nicht nur einmal, sondern in einer unnennbaren Zahl von Fällen. Damals, als wir ihre Kinder waren, umsorgten sie uns voll unendlicher Liebe.

Jetzt sind dieselben Wesen nicht in der Lage zu erkennen, dass sie in der Vergangenheit unsere Eltern gewesen sind. Für sie sind wir nicht ihre ehemaligen Kinder. Da sie sich des früheren elterlichen Verhältnisses zu uns nicht mehr bewusst sind, fügen sie uns jetzt Schaden zu. Es ist, als ob sie der Dämon der Verwirrung verrückt gemacht hätte. Wir dagegen haben mehr Bewusstheit entwickelt und wissen, dass diese Wesen unsere früheren Eltern sind. Aus diesem Grund müssen wir vermeiden, in gleicher Weise auf ihren Zorn und ihre Aggression uns gegenüber zu reagieren und sollten stattdessen alles tun, um ihnen zu helfen.

Wir sollten uns dies so lange sorgfältig überlegen, bis wir ihnen wirklich dankbar sind für all die Freundlichkeit, die sie uns in der Vergangenheit erwiesen haben. Solche Überlegungen werden uns erlauben, mit liebender Güte zu antworten, anstatt mit Aggression, sogar wenn wir uns Leuten gegenübersehen, die sich in nicht zu rechtfertigender Weise aggressiv verhalten.

Wenn wir einmal dieses Grundgefühl der Dankbarkeit gegenüber unseren potentiellen Feinden empfinden, werden wir nicht sofort zornig werden, sondern werden besorgt um sie sein und denken: „So freundlich ist dieser Mensch in der Vergangenheit zu mir gewesen! Wie kann ich ihm jetzt am besten helfen? Wie kann ich seine Wünsche erfüllen?" Wie wir selbst wollen unsere Feinde glücklich sein und Leid vermeiden. Deshalb sollten wir versuchen zu tun, was wir können, dass sie die Ursachen für Glück ansammeln. Wir wissen, dass heilsames Handeln die Quelle von Glück ist, und dies sollte uns anspornen, auf geschickte Weise Situationen zu schaffen, in denen unsere Feinde ihren Körper, ihre Rede und ihren Geist dazu benutzen können, heilsame Handlungen auszuführen. Wir sollten sie mit der Lehre des Buddha in Kontakt bringen, wodurch sie die Hinweise bekommen, die sie benötigen, um positiv handeln zu können. Wenn wir die Bedingungen schaffen, die sie für ihre Praxis brauchen, dann helfen wir ihnen wirklich, da wir ihnen Gelegenheit geben, etwas zu tun, das ihnen in der Zukunft Glück bringen wird.

Wir müssen erkennen, dass wir, um volle Erleuchtung zu erlangen, die sechs zur Befreiung führenden Tugenden[9] verwirklichen müssen. Eine davon ist die Tugend der Geduld. Ohne Menschen, die uns gegenüber aggressiv und zornig sind, ist die Übung der Geduld unmöglich, wir haben kein anderes Mittel, diese notwendige Eigenschaft zu entwickeln. In diesem Sinn erweist sich die Person, die wie ein Feind handelt, als sehr hilfreich. Die aggressive Situation schafft eine hervorragende Gelegenheit, Geduld zu lernen. Unser Feind ist, weil er uns sehr wertvolle Unterweisungen gibt, nicht mehr unser Feind, sondern ein spiritueller Freund, der uns hilft, die Tugenden zu entwickeln, die wir zur Erleuchtung benötigen. Indem wir auf diese Weise Ge-

---

9 auch befreiende Qualitäten (skr.: Paramitas*) genannt.

duld üben, wann immer wir uns abgelehnt oder kritisiert fühlen oder unsere Fehler von anderen offengelegt werden, können wir ein unvorstellbares Maß an Verdunkelung reinigen, in der unser Geist befangen ist.

Es wird gesagt, dass es kein Übel gibt, das dem Hass gleichkommt, weil ein Augenblick des Hasses die gesamten Verdienste zunichte machen kann, die über Tausende von Lebzeiten angesammelt wurden. Und es gibt nichts, das mit der Tugend der Geduld zu vergleichen wäre, denn sie hat die Kraft, alle negativen Handlungen zu reinigen, die in derselben Zahl von Leben angesammelt wurden. Wenn wir vollkommene Erleuchtung erreichen wollen, ist Geduld unverzichtbar. Sie ist eine der wichtigsten Eigenschaften, die den erleuchteten Geist ausmachen. Um diese Eigenschaften entwickeln zu können, müssen wir auf Feinde treffen, sowohl im physischen Sinn, als auch abstrakt als schwierige Situationen. Deshalb sind alle, die uns hassen oder sich uns gegenüber aggressiv verhalten, in Wirklichkeit unsere Freunde, denn sie bieten uns die ideale Gelegenheit, uns in Geduld zu üben und unsere früheren negativen Handlungen und gegenwärtigen geistigen Schleier zu reinigen.

Wenn wir niemals jemanden unter Hunger und Durst leiden sehen, unter Armut und Not, ist es unmöglich, Mitleid oder Großzügigkeit zu entwickeln. Wenn wir niemals arme Menschen treffen, wie könnten wir lernen, freigebig zu sein? Wenn wir niemals Leid begegnen, wie sollten wir den mitfühlenden Wunsch entwickeln, es zu lindern? Ohne

Großmut, Mitgefühl und ähnliche Eigenschaften werden wir jedoch niemals in der Lage sein, Erleuchtung zu erlangen. Die schwierigen Situationen, die wir erleben, sind für uns eine Notwendigkeit, da Menschen in ihren unerfreulichen Lebensumständen zu sehen unser bester Helfer zur Erlangung der Erleuchtung ist.

Wir könnten sogar sagen, dass andere lebende Wesen für uns eine größere Hilfe sind, die Erleuchtung zu erlangen, als die Buddhas. Drei der sechs zur Befreiung führenden Tugenden – Freigebigkeit, ethisches Verhalten und Geduld – können nur in der Gemeinschaft mit anderen lebenden Wesen entwickelt werden, die freundlich genug sind zu erlauben, dass wir uns mit ihrer Hilfe üben. Um Freigebigkeit zu praktizieren, brauchen wir Menschen, denen gegenüber wir großzügig sein können. Ethisches Verhalten kann es nur in Bezug auf andere geben, denn es bedeutet, davon Abstand zu nehmen, anderen lebenden Wesen auf irgendeine Weise Schaden zuzufügen, sei es mit dem Körper, mit der Rede oder mit dem Geist. Wir haben schon herausgefunden, dass Geduld bedeutet, angesichts der Aggression anderer selbst frei von schädigenden Einstellungen zu bleiben. So können wir erkennen, dass es keinen Weg gibt, diese drei Eigenschaften ohne andere Wesen zu entwickeln.

Es ist also völlig unangebracht, auf Leute, die uns bei der Praxis behilflich sind, zornig zu sein. Es wird gesagt, dass sogar Buddha Shakyamuni nur dank des schlechten Verhaltens seines Vetters Devadatta eher als Maitreya* Erleuchtung erlangte. Wir müssen verstehen, dass es nur der Güte solch negativer Kräfte zu verdanken ist, wenn wir Eigenschaften wie liebende Güte und Mitgefühl zu entwickeln vermögen, die unverzichtbar sind zur Erleuchtung.

In seinen Lehren sagt Tilopa, dass jeder, der schnell erleuchtet werden will, nicht die Gemeinschaft von guten Freunden aufsuchen sollte, sondern die von schlechten, denn wenn wir mit guten Freunden zusammen sind, wird uns niemals widersprochen und wir bleiben auf bequeme Art unangefochten, während unsere negativen Gefühle anwachsen und sich keine positiven Eigenschaften entwickeln. Wenn wir unsere Zeit mit schlechten Freunden verbringen, müssen wir lernen, sehr geduldig zu sein, mit dem Ergebnis, dass wir schneller Erleuchtung erlangen.

Wenn die vorgenannten Methoden keinen Erfolg zeitigen, unseren Zorn zu besänftigen, sollten wir den Feind vor uns als unsere eigene Mutter visualisieren. Immer wieder sollten wir so meditieren, bis wir wirklich fühlen, dass die Person unsere Mutter ist. Dann sollten wir dazu übergehen zu denken, dass unser gegenwärtiger Feind früher schon unzählige Male unsere Mutter gewesen ist. Ist es angebracht, dass wir jetzt dieser Person gegenüber hasserfüllt und aggressiv sind?

Eine andere Methode, die wir anwenden können, besteht darin, uns selbst in der Meditation als den Feind zu sehen und den Feind als uns, indem wir die beiden Persönlichkeiten gegeneinander austauschen. Dies wird auch den Austausch der Gefühle beider Parteien bewirken. Wir lernen, die Dinge aus der Perspektive des Gegners zu sehen. Immer wieder müssen wir auf diese Weise meditieren, bis wir wirklich unsere eigenen Bedürfnisse und Überlegungen durch die Einstellungen und Gedanken der anderen Person ersetzt haben.

Normalerweise ist uns nur die eigene Vorstellung von uns selbst wichtig. Wir sollten aber lernen, uns mit den Augen der anderen zu betrachten und die anderen wiederum so zu sehen, wie sie es selbst tun. Wir verändern die Art, die Dinge zu sehen, indem wir uns an die Stelle einer anderen Person versetzen. Dieser Einstellungswandel ist sehr hilfreich, alle störende Gefühle zu überwinden, besonders aber das Gefühl des Hasses. Indem wir uns Schritt für Schritt auf dem Weg der Bodhisattvas schulen, lernen wir immer mehr, anderen allen Erfolg, alles Erreichte zu überlassen und selbst alles Versagen und alle Schwierigkeiten auf uns zu nehmen.

Das beste Mittel gegen Zorn ist, sich darin zu üben, vollkommen in der Eigenschaft der liebenden Güte aufzugehen. Dies ist die wichtigste Meditationsmethode derer, die der Sutratradition* mit ihren traditionellen 21000 Sutras folgen, von denen viele spezielle Belehrungen zur liebenden Güte enthalten.

Viele Menschen empfinden die Entwicklung von liebender Güte und Geduld als ganz besonders schwierig. Wir halten es vielleicht sogar für ein unmögliches Unterfangen, aber wir sollten nicht verzweifeln, denn es ist nur eine Frage der Übung. Wenn wir uns nicht regelmäßig anstrengen, solche Eigenschaften heranzubilden, dann werden sie natürlich unerreichbar erscheinen.

Mittel gegen Verblendung und eine Neigung zum Schlaf

Als erstes Mittel gegen Verblendung wird empfohlen, die zwölf Stadien des Lebens von Buddha Shakyamuni auswendig zu lernen, angefangen mit dem Augenblick, in dem er das Reich der Götter verließ.[10]

Die nächste Methode besteht darin, gründlich die zwölf Glieder der Kette bedingten Entstehens zu lernen, die dem Kreislauf der Existenzen zugrundeliegt.[11] Ihre Wurzel ist Verblendung. Diese lässt verschiedene geistige Ein-

---

10 Die zwölf Stadien im Leben eines Buddha sind: 1. Herabsteigen vom Tushitahimmel; 2. Eingang in den Schoß seiner Mutter; 3. Geburt; 4. Beweis seiner Meisterschaft in den Künsten; 5. freudvoller Umgang mit Frauen; 6. Weltentsagung; 7. Praxis der Askese; 8. Meditation unter dem Bodhibaum; 9. Überwindung der Dämonen; 10. Erleuchtung; 11. Drehen des Rads der Lehre; 12. Eingang in den Frieden

11 Die zwölf Glieder der Kette bedingten Entstehens: Unwissenheit, Gestaltungskräfte, Bewusstsein, Name und Form, Sinnesquellen, Kontakt, Empfindung, Verlangen, Ergreifen, Werden, Geburt, Altern und Sterben.

drücke entstehen, die wiederum eine ganze Reihe von Ereignissen verursachen, die schließlich zu den Erfahrungen von Geburt, Alter und Tod führen. Dies ist der zyklische Prozess, dem alle lebenden Wesen unterworfen sind, während sie von einem Leben zum nächsten fortschreiten. Diejenigen, die sich davon befreien, sind Buddhas; diejenigen, die dies nicht tun, bleiben dem dadurch hervorgerufenen Leiden verhaftet – ein ewiger Kreislauf, in Gang gehalten durch Verblendung. Weil dieser Prozess seiner Natur nach ohne Ende ist, sprechen wir von dem Rad oder dem Kreislauf der Existenzen.

Mit welcher der vier Arten der Geburt[12] unsere neue Existenz auch beginnen mag, wir können sicher sein, dass sie mit dem Tod enden wird. Es gibt keinen Weg, den Tod und eine folgende Wiedergeburt zu vermeiden. Alle lebenden Wesen, ohne Ausnahme, müssen durch diese Erfahrung hindurchgehen. Aus diesem Grund wird in der traditionellen Darstellungsweise des Rads der Existenzen der Herr des Todes gezeigt, wie er das Rad in seinen Fängen hält – dargestellt als eine große dämonische Figur, die in das Rad zu beißen scheint. Die sechs verschiedenen Daseinsbereiche erscheinen in der Mitte seines Bauches, weil alle Lebewesen durch den Tod hindurch von einer Existenz zur nächsten gelangen.

---

12 Die vier Arten von Geburt sind Geburt aus dem Schoß, aus dem Ei, aus Wärme und Feuchtigkeit (d. h. durch Zellteilung) und spontane Geburt.

Um praktizierenden Laien und Mitgliedern der Sangha zu helfen, diese Realität zu begreifen, finden wir traditionell links an den Toren der Klöster eine Abbildung dieses Daseinskreislaufs.

Jeder, dem es gelingt, der Verblendung ein Ende zu setzen, wird automatisch auch den übrigen Prozess zum Stillstand bringen, die geistigen Eindrücke und die anderen Glieder der Kette bedingten Entstehens, die zu Alter und Tod führen. Der Prozess wird umgekehrt und endet schließlich in unserer Befreiung von der zyklischen Existenz.

Als Erinnerungshilfe für die Praktizierenden finden wir oft auf der rechten Seite der Klostertore, als Symbol für die Lehre Buddhas, die Darstellung eines achtspeichigen Rads, dessen weiße Farbe Reinheit symbolisiert. Die acht Speichen stehen für den „edlen achtfachen Pfad"[13], die von Buddha gelehrte Methode, um der Kette bedingten Entstehens ein Ende zu setzen, welche den Kreislauf der Existenzen bedingen.

Was genau versteht man unter Verblendung? Verblendet ist der Geist, der sich selbst nicht erkennt, der sich seiner eigenen wahren Natur nicht bewusst ist. Dies ist der Grund, weshalb wir im Daseinskreislauf verharren und auf der vergeblichen Suche nach Glück ein Leben nach dem anderen durchwandern. Wenn jedoch der Verblendung ein Ende

---

13 Der edle achtfache Pfad: wahre Anschauung, wahre Gesinnung, wahre Rede, wahres Handeln, wahre Lebensführung, wahres Streben, wahre Achtsamkeit, wahre Meditation

gesetzt wird, betreten wir in dem Augenblick, in dem der Geist seine wahre Natur erkennt, den Weg der Edlen; und das ist der Weg, der aus dem Leiden herausführt. Deshalb ist es unsere wichtigste Aufgabe, diese Unwissenheit zu bereinigen, so dass der Geist sich selbst erkennen kann.

Um die Dumpfheit der Unwissenheit zu bekämpfen, sollten wir versuchen, nicht soviel zu schlafen, indem wir früher aufstehen und später zu Bett gehen. Um dies zu unterstützen, können wir an einer Säule oder an einer Stütze in unserem Haus die Symbole von Körper, Rede und Geist der Buddhas anbringen. Anstatt zu schlafen, sollten wir die Säule voll Ehrfurcht vor diesen Objekten und das, wofür sie stehen, umschreiten oder Niederwerfungen durchführen oder Mantras rezitieren. Auf diese Weise lassen wir den Geist nicht Zeit verschwenden mit der Hingabe an den Schlaf und der Verstärkung dieser Manifestation von Dummheit.

Eine andere Methode, unsere Anhaftung an Schlaf zu verringern, besteht darin, die folgende Meditation durchzuführen, wenn wir abends beginnen, uns schläfrig zu fühlen: Wir stellen uns über dem Scheitelpunkt unseres Kopfes eine brennende Butterlampe vor und halten unsere Aufmerksamkeit auf ihre Flamme gerichtet, indem wir sie sehr klar visualisieren. Es wird gesagt, dass dies die Kraft habe, aufkommende Gefühle des Schlafes und der Dumpfheit zu bereinigen. Zudem verkürzt diese Praxis die Zeit, die wir zum Schlafen benötigen und macht den Schlaf weniger schwer.

In der reinen Lehre des Abhidharma* wird gesagt, das beste Mittel gegen Unwissenheit und Dumpfheit des Geistes sei tiefgehendes Reflektieren über die zwölf Glieder der Kette bedingten Entstehens.

Das Auflösen von Stolz und Eigendünkel

Das nächste störende Gefühl, das Gegenmittel erfordert, ist Stolz. Um uns über den eigenen Stolz klarzuwerden, können wir zum Beispiel folgende Überlegungen anstellen:

„In zahllosen Existenzen, die ich im Laufe vieler Äonen durchlebt habe, bin ich in endlosen Kreisen gewandert. Wie eigensinnig ich doch bin, aller erfahrenen Leiden zum Trotz unbeirrt zu bleiben, stets bereit für mehr. In der Vergangenheit sind viele verschiedene Buddhas auf der Erde erschienen und alle haben gelehrt. Ich jedoch bin unfähig gewesen, diese Fülle an Unterweisungen zu nutzen, um mich vom Daseinskreislauf zu befreien. Wenn ich allein dieses Leben betrachte: all die vielen Ermächtigungen, mündlichen Übertragungen, Kommentare und speziellen Ratschläge, die mir zuteil geworden sind. Und dennoch bin ich noch immer gefangen im Kreislauf der Existenzen. Bislang hat alles noch keine Wirkung gezeigt.

In meinen Bemühungen, der Lehre zu folgen, habe ich wiederholt um die drei Ebenen der Gelübde gebeten und sie auch erhalten: die äußeren Gelübde des ethischen Verhaltens, die inneren Gelübde der Bodhisattvas, in denen ich mich dazu verpflichte, Erleuchtung zum Wohle der anderen zu erlangen, und die geheimen Gelübde des Vajrayana*, in denen ich mich dazu verpflichte, eine reine Sichtweise zu bewahren. Und doch habe ich all diese Gelübde gebrochen und meine Disziplin ist so unrein geworden, so dass ich täglich eine ganze Lawine von Fehlern und Übertretungen begehe.

Ich habe viel Zeit damit verbracht, Mantras zu rezitieren und die Meditationen einer unvorstellbaren Zahl von Gottheiten[14] durchzuführen. Dennoch ist es mir nicht gelungen, das Antlitz einer einzigen Gottheit auch nur einen Augenblick lang zu erblicken. Mein Geist ist völlig umwölkt und verdunkelt, mit dem Ergebnis, dass ich keine Realisation erlangt und keine meditative Erfahrung gemacht habe. Sie sind mir so unbekannt wie Haare auf dem Rücken einer Schildkröte.

In zahllosen Lebenszeiten habe ich, von der Kindheit bis zum Tod, nichts Besseres mit meinem Leben anzufangen gewusst, als einfach zu essen und zu schlafen und überhaupt

---

14 Gottheiten sind keine übernatürlichen Wesen, sondern Aspekte der wahren Natur unseres Geistes. Sie werden in Form von komplexen Symbolbildern als Buddhaaspekte in Lichtform visualisiert. Dadurch schaffen wir einen Zugang zu unserer innersten Natur.

meine Zeit zu verschwenden. Keine Zeit habe ich darauf verwandt, den Dharma zu praktizieren und Erleuchtung zu erlangen. Ich habe mich den weltlichen Freuden des Lebens hingegeben, ohne dabei echtes Vergnügen zu empfinden.

Niemals zufrieden, bin ich immer bereit, mehr und mehr Zeit und Energie für gewöhnliche weltliche Dinge zu vergeuden. Innerlich ist mein Geist erfüllt von den Störungen, welche durch die fünf Gifte verursacht werden, doch gebe ich nach außen sehr erfolgreich vor, ein reiner Mensch zu sein, indem ich mich in die richtige Robe kleide und eine Bettelschale trage[15].

Obwohl ich unfähig bin, auch nur den Gehalt eines einzigen Textes zu erklären oder über ihn zu debattieren, betrachte ich mich als sehr gelehrten und intelligenten Menschen. Immer prahle ich anderen gegenüber mit meinem großen Wissen über religiöse Texte und meinem tiefen Verständnis. Obwohl es mir überhaupt nicht gelungen ist, die fünf Geistesgifte zu verringern, bin ich noch immer davon überzeugt, ein sehr guter Mensch zu sein und vermag auch andere davon zu überzeugen. Ich bin nicht nur selbst verwirrt, in meiner Verwirrung verwirre ich auch die anderen.

Ich weiß nicht, was mich erwartet, wenn ich sterbe, dennoch verbringe ich mein Leben in der Überzeugung, dass ich den Geist der Verstorbenen leiten kann. Ich weiß nicht,

---

15 und damit vorgebe, ein reiner Mönch zu sein. Dies gilt in ähnlicher Weise für Laienpraktizierende.

wann mein eigener Tod eintreten wird, aber ich widme dem keinen Gedanken. Ich beschränke mich darauf, stolz zu sein auf meine Segenskraft, die Hindernisse der anderen zu beseitigen."

Solange wir mit der Vorstellung durchs Leben gehen, dass wir eigentlich ganz nett sind, verbergen wir weiterhin unsere Fehler vor uns. Auf diese Weise werden wir sie niemals loswerden. Diese Überlegung bewirkt, dass wir unsere Fehler eingestehen und dabei den Weg für ihre Beseitigung ebnen. Unser Stolz auf uns und unsere guten Eigenschaften wird überwunden.

Ganz gleich, ob wir ein Lama oder spiritueller Freund sind oder einfach jemand, der die Lehre des Buddha praktiziert, wichtig ist, dass wir unseren eigenen Geist betrachten und uns regelmäßig auf Fehler hin untersuchen. Haben wir diese erst einmal erkannt, können sie beseitigt und durch gute Eigenschaften ersetzt werden. Wenn wir unsere Fehler nicht eingestehen, werden wir immer stolzer werden. Der Stolz bewegt uns dazu, unsere Fehler als Qualitäten zu sehen und damit verschlechtert sich unser Verhalten gegenüber anderen. Die Menschen, mit denen wir zu tun haben, bringen wir dazu, unsere Meinung über uns zu teilen und überzeugen uns selbst noch davon, dass wir die Unreinheiten in unserem Geist zu Recht für Reinheit halten.

Für uns und andere bewirken wir damit Wiedergeburten in den niederen Daseinsbereichen. Deshalb ist es nötig, dass wir ständig den Dharma praktizieren, um unsere Fehler zu bereinigen und die Entwicklung ihrer Folgen zu verhindern. Wir müssen damit anfangen, zuallererst uns selbst zu betrachten, um unsere Fehler zu erkennen, und dann müssen wir die uns gegebenen Unterweisungen dazu benutzen, diese Fehler loszuwerden. Wenn unser Geist einmal vollkommen frei geworden ist von allen Fehlern, werden alle unsere Handlungen perfekt sein. Wir erreichen dann die wahre Reinheit der Buddhaschaft, die vollkommene Erleuchtung.

Wenn wir die Fehler in unserem Geist erkennen, kommen wir nicht umhin, uns zu schämen, und schon diese Reaktion wird die Gefühle des Stolzes im Geist abbauen. Wenn wir der Tatsache ins Auge blicken, dass wir viele Fehler in unserem Geist haben, ist das ein ausgezeichnetes Mittel, um Stolz abzubauen.

Die Freude am Erfolg der anderen wirkt Neid entgegen

Eine ähnliche Geistesübung hilft, den Neid zu verringern. Wir denken an die Zeit zurück, als wir die Bodhisattvagelübde erhielten. Während der Zeremonie waren die Buddhas als Zeugen zugegen, an jenem Tag, als wir gelobten, zum Wohl aller Lebewesen Erleuchtung zu erlangen und sie danach ebenfalls zur Buddhaschaft zu führen.

Zur selben Zeit verpflichteten wir uns, ein Höchstmaß an Tugenden zu entfalten und viele positive Handlungen für andere lebende Wesen auszuführen, immerfort nur darauf bedacht, zu ihrem Nutzen zu wirken. Wir verpflichteten uns auch, immer für andere zu beten und sprachen den Wunsch aus, sie mögen glücklich sein und die Ursachen des Glücks erlangen.

Ist es dann richtig, all dies zu vergessen und statt dessen immer, wenn wir jemanden sehen, der glücklich oder erfolgreich ist, jemand, dem es besser geht als uns oder der mehr erreicht hat, sofort neidisch zu werden und ihm gegenüber Missgunst zu empfinden? Wenn wir so reagieren, dann richten wir uns gegen all unsere früher eingegangenen Verpflichtungen. Immer wenn wir jemanden sehen, der glücklich ist, fühlen wir ihm gegenüber Neid, anstatt froh zu sein, dass unsere Wünsche als Bodhisattva in Erfüllung gegangen sind. Dies widerspricht gänzlich den Versprechen, die wir vor den Buddhas eingegangen sind. Um dieser neidischen Reaktion entgegenzuwirken, sollten wir uns jedesmal mitfreuen, wenn wir jemanden froh und glücklich sehen. Dies ist das Mittel gegen das störende Gefühl des Neides.

Wir müssen begreifen, dass es einfach zur Wiedergeburt in den Höllen oder im Reich der Halbgötter führt, mit all den Leiden, die eine solche Existenz mit sich bringt, wenn wir jedesmal von Neid erfasst werden, wenn wir jemanden

sehen, dem es besser geht als uns. Dies sollten wir sehr sorgfältig überdenken, um unseren Neid zu beruhigen.

Dies bringt uns zum Ende des zweiten Abschnitts über
den Umgang mit den störenden Gefühlen, der die Überwindung der Emotionen durch den Einsatz geeigneter
Gegenmittel behandelt. Die Methoden, die in diesem
zweiten Teil gelehrt wurden, entsprechen denen der allgemeinen Sutras*, sowohl denen des Mahayana* als auch
des Hinayana*.

III. Das Umwandeln
der Emotionen

Das Thema des nächsten Abschnitts ist die Beschreibung einer Methode, die fünf Gifte in Leerheit aufzulösen.

Die Emotionen durch Visualisierung auflösen

Im selben Augenblick, in dem eines der fünf Gifte im Geist erscheint, rezitiere das Sobhawa-Mantra[16] und denke, dass alles sich in Leerheit auflöst.

---

16 Dieses Mantra wird zu Beginn vieler Visualisierungspraktiken benutzt, um sich die Leerheit aller Phänomene zu vergegenwärtigen.

OM SOBAHWA SCHUDDHA SARWA DHARMA
SOBHAWA SCHUDDHO HAM
Reinheit ist das Wesen aller Phänomene –
Reinheit ist mein eigenes Wesen

Stell dir vor, dass die fünf störenden Gefühle im Geist, entweder die Emotionen selbst oder ihre potentielle Gegenwart, sich in die fünf Dhyanibuddhas verwandeln. Visualisiere sehr klar, wie dein Hass die Form von Vajrasattva annimmt, dein Stolz die von Ratnasambhava, deine Gier und Anhaftung die von Amitabha, wie der Neid zu Amoghasiddhi wird und Unwissenheit und Verblendung zur Form von Vairocana.

Stell dir vor, dass diese fünf Buddhas dann Lichtstrahlen aussenden, die das gesamte Universum erfüllen. Sie reinigen nicht nur alles negative Karma, das als ein Ergebnis des Wirkens der fünf Gifte in jedem Lebewesen erzeugt wurde, sondern gleichzeitig auch die Emotionen selbst. Der Geist aller lebenden Wesen wird vollkommen frei von störenden Gefühlen, womit jede spätere Wiedergeburt in irgendeinem der verschiedenen Existenzbereiche, symbolisiert durch die fünf Pfade, die zur Wiedergeburt führen[17], unmöglich wird. Das Licht strahlt zurück und wird eins mit den Buddha-

---

17 Dies sind die fünf Pfade, die unserem Geist nach dem Tod zur Wahl stehen und zu den sechs Daseinsbereichen führen. Dabei werden der Halbgötter- und der Götterbereich zusammengezählt.

körpern, worauf diese sich in Licht auflösen und vollkommen in der Leerheit aufgehen.

Wir sollten diese Meditation regelmäßig ausführen, immer, wenn eines der fünf störenden Gefühle im Geist erscheint, und danach wünschen:

„Mögen in allen zukünftigen Leben – angefangen mit dieser Lebenszeit – die Schleier der fünf störenden Gefühle eines jeden Wesen gereinigt werden, das mit mir in Berührung kommt, ganz gleich, ob es mich sieht, mir zuhört oder an mich denkt. Möge ich diese Fähigkeit erlangen! Möge darüber hinaus, wenn ich selbst Erleuchtung erreicht habe, das Buddhagefilde, welches von meinem Geist[18] ausstrahlt, keine Spur der fünf Gifte enthalten.“

Diese Wünsche können entweder still im Geist oder laut rezitiert werden. Jedesmal, wenn wir auf diese Weise meditieren, drücken wir mit diesen Worten den Wunsch aus, die störenden Gefühle durch Visualisierung der fünf Buddhas in Leerheit aufzulösen.

Dieser Ansatz, die fünf Geistesgifte durch Visualisierung umzuwandeln, wird häufig von jenen eingesetzt, die die schöpferische Phase der Meditation praktizieren[19].

---

18 Bei seiner Erleuchtung strahlt der Geist eines Buddha eine Welt aus, zu der auch andere Wesen Zugang haben können, ein Bereich, in dem die höheren Mahayanalehren immerfort wirksam und zugänglich sind.

19 Die *schöpferische Phase* (tib.: bskyed rim) beruht weitgehend auf Visualisierungen, im Gegensatz zu den Übungen der vollendenden Phase der Meditation (tib.: rdzogs rim).

Yidam-Meditation und die Emotionen

Die Grundlage, auf welcher diese Meditation beruht, kann wie folgt umrissen werden:

Im absoluten Sinn ist die wahre Natur des allumfassenden Universums der reine Palast der Gottheit. Alle darin wohnenden Lebewesen sind seit anfangloser Zeit Yidam-Gottheiten[20]. Wenn wir dies deutlich visualisieren und uns dieses Sachverhalts gleichzeitig klar bewusst sind, wird unsere Unwissenheit an Macht verlieren. Wir können Yidam-Gottheiten gegenüber niemals Verlangen oder Anhaftung in ihrer gewöhnlichen Form entwickeln, noch können wir zornig auf sie werden oder sie beleidigen. Wenn jedermann eine reine Yidam-Gottheit ist, dann sind alle gleich. Deshalb gibt es keinen Grund dafür, einige Menschen als höher und andere als tieferstehend zu betrachten, und es gibt keinen Raum für Stolz oder Neid. Wir werden sehen, dass durch diese Art von Kontemplation alle fünf Gifte von selbst aufhören werden zu existieren.

Verblendet wie wir sind, erkennen wir nicht die wahre Natur der verschiedenen psychophysischen Elemente, die unser Wesen ausmachen, die fünf Skandhas*. Diese fünf Elemente, wie auch die Energien, auf die sie zurückzuführen sind, sind seit anfanglosen Zeiten dieselben Energien, die als Buddhas mit ihren Gefährtinnen in Erschei-

---

20 Yidam-Gottheiten* sind keine eigenständigen Wesen, sondern sie symbolisieren Aspekte oder Qualitäten des erleuchteten Geistes.

nung treten. Da wir dies nicht erkennen, sehen wir uns nur als gewöhnliche Menschenwesen und nehmen das Wirken dieser Energien als störende Gefühle war, die ständig in unserem Geist erscheinen.

Tatsächlich sind diese Elemente und ihre Energien vollkommen rein. In Wirklichkeit sind die fünf Geistesgifte nichts anderes als die fünf Weisheiten. Der einzige Unterschied, der zwischen einer Emotion und der ihr entsprechenden Weisheitsform besteht, ist die Abwesenheit oder die Gegenwart von Bewusstheit. Wenn wir uns der wahren Natur der Dinge bewusst sind, werden wir die fünf Weisheiten erkennen, sonst sehen wir nur die fünf Geistesgifte und erfahren sie auch als solche. Es ist deshalb wichtig, anzuerkennen, dass eine Emotion von sich aus nicht unrein ist. Wir erkennen einfach die Verblendung nicht als das, was sie wirklich ist: eine der fünf Weisheiten[21].

Wenn wir von uns die Vorstellung als reine Yidam-Gottheit entwickeln und dennoch die anderen als gewöhnlich und unrein ansehen, dann ist dies nur eine weitere Form des Stolzes. Eine solche Einstellung ist immer noch auf Ichanhaften gegründet. Denn obwohl wir bereit sind, uns als Gottheit zu sehen, fahren wir fort, auf andere als gewöhnliche Leute herabzublicken, samt all den damit verbundenen Fehlern. Dies ist ganz gewiss nicht der reine Stolz der

---

21 Die fünf Weisheiten sind verschiedene Aspekte des erwachten Gewahrseins, so wie die Facetten eines Juwels mit seinen verschiedenen Farben.

Gottheit, das Bewusstsein unserer wahren Natur. Wenn wir einmal unser Ego losgelassen haben, können wir in unserem Geist die ursprüngliche Weisheit erkennen, die frei ist von Ego, weil sie jenseits der Vorstellung eines Ichs liegt. Dies ist der eigentliche Geist der Gottheit, in dem nicht nur wir die Gottheit sind, sondern ebenso das gesamte Leben im Universum. Wenn der Geist in diesem Zustand der reinen Bewusstheit ruht, gibt es keinen Platz für Verblendung, noch für Ärger, Anhaftung, Stolz oder Neid.

Dieselbe Denkweise dient auch als Grundlage für die Praxis der Betrachtung der Natur der fünf Geistesgifte, die im nächsten Abschnitt beschrieben wird.

IV. Die wahre Natur der Emotionen sehen

Im zweiten Teil desselben Kapitels wird gesagt, dass, wer den Vajrayana, die geheimen tantrischen Lehren, praktiziert, eine heilige Verpflichtung eingeht, die Emotionen von Gier, Hass, Verblendung, Stolz und Neid nicht zurückzuweisen. Denn wer diese Emotionen zurückweist, wird niemals die ihnen innewohnende Wahrheit erfahren. Weisen wir die Geistesgifte zurück, verlieren wir damit auch jede Möglichkeit, die fünf Weisheiten zu verwirklichen, die nirgendwo anders als in den störenden Gefühlen selbst gefunden werden können.

Deshalb müssen wir in der tantrischen Praxis mit den verschiedenen Objekten arbeiten, die emotionale Reaktionen aufsteigen lassen, um die entsprechende Weisheit zu erfahren. Ausgerechnet die Objekte von Anhaftung, Hass und so weiter werden also zu Mitteln der Befreiung aus dem emotionalen Konflikt.

In der Praxis bedeutet dies: Sobald eines der fünf Gifte in unserem Geist erscheint, richten wir unseren Blick direkt auf seine Essenz, bis wir verstehen, dass es in Wirklichkeit überhaupt keine reale Existenz besitzt.

Wahrnehmung, Emotionen und Weisheit

Störende Gefühle erscheinen aufgrund der Bedingungen, die von unserem Geist geschaffen werden. Unser Bewusstsein, das sich derzeit in einem Zustand der Verblendung befindet, projiziert aus sich heraus die Vorstellung von einer Welt, die durch die fünf Sinne, die fünf Sinnesorgane und deren aktive Auseinandersetzung mit äußeren Objekten erfahren wird. Aufgrund unserer früheren Gewohnheiten projiziert der Geist aus sich heraus Bilder, die er als von sich selbst abgetrennt betrachtet. Diese werden dann zu Formen, die als Objekte für unser Sehvermögen fungieren, zu Geräuschen, die Objekte unseres Gehörs sind und so weiter. Die Gegenwart dieser scheinbar unabhängigen Objekte stört den Geist auf, was das Auftauchen von Emotionen bewirkt.

Wenn zum Beispiel die Augen eine Form sehen, bleibt es nicht dabei, sondern wir reagieren augenblicklich darauf. Wird die Form als erfreulich empfunden, fühlen wir uns von ihr angezogen, finden wir sie unangenehm oder abstoßend, weisen wir sie zurück und wollen uns von ihr entfernen. Dasselbe trifft auf alle anderen Sinnesinformationen zu, wann immer wir hören, riechen, schmecken oder etwas berühren.

Jedesmal, wenn die Sinnesorgane in Aktion treten, sollten wir geradewegs die wahre Essenz dessen betrachten, was geschieht. Nach und nach werden wir erkennen, dass das Objekt, das wir sehen, in Wirklichkeit nur der Geist in Bewegung ist. Vom Geist nicht verschieden, ist das Objekt nichts anderes als der Geist. Deshalb ist es nicht nötig, durch das Beharren auf einer klaren Unterscheidung zwischen Subjekt und Objekt eine künstliche Dualität zu schaffen. Wenn wir die Essenz dieser Nichtdualität betrachten, die wahre Natur sowohl des Objektes als auch des Geistes, der das Objekt wahrnimmt, werden wir die Essenz des Geistes selbst entdecken.

Diese Wahrnehmung der Essenz des Geistes findet statt, wenn alle vorherigen Gedanken zu einem Stillstand gekommen sind und der nächste Gedanke noch nicht erschienen ist. Der Geist ist in der spontanen Gegenwart, in seiner eigenen Realität. Es ist der Geist, der seine eigene Essenz sieht, und dies ist es, was wir ursprüngliche Weisheit oder zeitloses Gewahrsein nennen. Die Gegenwart der ursprünglichen Weisheit in unserem Geist bereinigt automatisch die störenden Gefühle. Es ist, wie wenn man in einem dunklen Raum eine Kerze anzündet: Sobald das Licht erscheint, verschwindet die Dunkelheit automatisch. Auf ähnliche Weise genügt die einfache Tatsache, dass Weisheit im Geist gegenwärtig ist, um alle störenden Gefühle vollkommen zu verbannen.

Wenn es uns gelingt, auf diese Weise zu meditieren, sehen wir im selben Augenblick, in dem wir eines der fünf Gifte in unserem Geist erkennen, dessen Weisheit und werden dadurch frei von seinem emotionalen Aspekt. Dies ist bekannt als das gleichzeitige Erscheinen und Befreien der störenden Gefühle. Jedes der fünf Geistesgifte wird dabei als eine der fünf Weisheiten erkannt.

Gelingt es uns dagegen nicht, den Weisheitsaspekt des im Geist stattfindenden Prozesses zu erkennen, werden wir sogleich in Dualität verwickelt. Wir folgen dem Gedanken, werden durch ihn beeinflusst und beginnen, auf das Objekt zu reagieren, indem wir es entweder akzeptieren oder zurückweisen, bis der Geist von Verwirrung und störenden Gefühlen überschwemmt wird und wir schließlich die Erfahrung der Leiden machen, die dies nach sich zieht.

Im Text wird gesagt, dass wir ohne die fünf Geistesgifte unmöglich Weisheit entwickeln können. Die Aktivität der Emotionen ist die Aktivität des Geistes. Jedes störende Gefühl, das in Erscheinung tritt, ist nichts anderes als der Geist selbst in Bewegung, so dass wir mit dem Zurückweisen der störenden Gefühle zugleich auch den Geist zurückweisen. Aber nur durch die Aktivität des Geistes werden wir die Aktivität der Weisheit erkennen können. Wenn wir also die Aktivität der störenden Gefühle zurückweisen, weisen wir damit auch die Möglichkeit zurück, die Weisheitsaktivität zu erfahren. Dies wird uns niemals dazu führen, die letztendliche Realität des Geistes zu erkennen, den Wahrheitskörper oder Dharmakaya.

Eine warnende Anmerkung

Die fünf störenden Gefühle zurückzuweisen bedeutet, einen weniger direkten Pfad zur Erleuchtung zu wählen. Es ist der Weg, dem die Shravakas* folgen. Die wahre Natur der Emotionen bei und in ihrem Erscheinen zu erkennen, ist jedoch keine leichte Aufgabe. Wenn wir uns nur erlauben, die Emotionen in gewohnter Weise zu betrachten, so wie sie eine nach der anderen im Geist erscheinen, werden wir dadurch um kein Haar anders als zuvor. Nichts wird sich verändern. Wenn wir gar an unseren störenden Gefühlen Vergnügen finden und sie absichtlich verstärken, bis wir uns von ihnen vollkommen berauscht fühlen, benehmen wir uns wie ein Besessener, mit dem Ergebnis, dass wir das Karma eines Dämons ansammeln.

Es kann auch vorkommen, dass wir wie einer von jenen werden, deren Stolz auf ihr Geschick im Umgang mit den störenden Gefühlen sich durch die Betrachtung von deren wahrer Natur immer weiter verstärkt. Obwohl sein Verständnis noch nicht voll entwickelt ist, verstärkt ein solcher

Mensch die Kraft der Emotionen. Je stärker diese werden, desto größer wird sein Stolz. Dabei bleibt er jedoch nicht stehen. Obwohl er nicht wirklich frei von emotionaler Verwirrung ist, gibt er dies vor. Er stellt sich anderen gegenüber als Vorbild dafür dar, wie man die störenden Gefühle erfahren kann, ohne von ihnen erfasst zu werden. Angetrieben von großem Stolz ist er unentwegt bestrebt, seinen Ruf zu verbessern und als eine äußerst bedeutsame Person anerkannt zu werden, als ein Mensch, der für seine Fähigkeit bekannt ist, mit den störenden Gefühlen zu arbeiten. Indem er immer mehr außer Kontrolle gerät, immer verwirrter wird, sammelt er Karma an, das immer schlechter wird.

Ein Buddha für jede Emotion

Wenn es uns gelingt, die Realität jedes der fünf Geistesgifte direkt zu betrachten, sobald sie erscheinen, können wir erkennen, dass sie nichts anderes sind als die fünf Weisheiten. Im Geistesgift des Hasses nehmen wir die spiegelgleiche Weisheit wahr, die dem Buddha Vajrasattva entspricht. Wenn wir die wahre Natur des Stolzes direkt betrachten, finden wir die Weisheit der Gleichwertigkeit und den Buddha Ratnasambhava. In der Natur der Begierde entdecken wir die unterscheidende Weisheit des Buddha Amitabha. Wenn wir die Essenz des Neides betrachten, finden wir die allesvollendende Weisheit und den Buddha

Amoghasiddhi. Und wenn wir die Verblendung betrachten, finden wir die Weisheit des Dharmadhatu* und den Buddha Vairocana.

Diese Buddhas entsprechen auch den verschiedenen Elementarenergien im Körper, die jeweils mit einer der Emotionen in Beziehung stehen. Der unmittelbare Einblick in die Emotion führt nicht nur zur Erkenntnis eines Weisheitsaspektes, er verwandelt auch das entsprechende Element des Körpers in einen der fünf Buddhas.

Auf diesem Pfad streben wir nicht danach, die fünf Emotionen aufzugeben, vielmehr ist es unser Ziel, unmittelbaren Einblick in ihre Essenz oder Realität zu erlangen, wodurch sie auf der Stelle automatisch in die fünf Weisheiten verwandelt werden und wir spontan den Geist der fünf Buddha-Archetypen hervorbringen.

Diese Art der Praxis wird von jenen geübt, die nach der Mahamudra- oder Dsogtschentradition* meditieren.

Eine Medizin für alle Leiden

Die Essenz oder Natur einer Emotion direkt zu betrachten, ist eine Methode, die in allen Fällen angewandt werden kann, so als könnten wir eine einzige Medizin benützen, um hunderte verschiedene Krankheiten zu heilen.

Der Praktizierende mit großen Fähigkeiten wird diese Methode einsetzen, um die Emotionen zu bereinigen, sobald sie im Geist erscheinen. Es ist, als würde man einen kleinen Funken in einen trockenen Heuhaufen werfen: das Heu wird in Flammen aufgehen und vollkommen zerstört werden. Obwohl der Initialfunke winzig ist, kann er jede Menge Heu verbrennen. Genauso kann ein einziger kleiner Weisheitsfunke die Verwirrung des Geistes samt den damit verbundenen Emotionen vollkommen verbrennen, bis im Geist nur noch die absolute Wirklichkeit vorhanden ist.

Jene von mittelmäßiger Befähigung wenden diese Methode wie folgt an: sobald sie beim Meditieren die Gegenwart einer Emotion bemerken, werden sie sie direkt mit unverstelltem Blick betrachten. Dadurch beruhigt sich das störende Gefühl und entlässt den Menschen aus seinem Griff. Dieser Prozess wird verglichen mit der Erkenntnis der Untrennbarkeit von Wellen und Wasser. Auf der Oberfläche des Ozeans kann man die Bewegung vieler Wellen sehen, die sich immerfort in einer Vielfalt verschiedener Formen verändern. Und dennoch ist der Inhalt der Wellen nichts anderes als das Wasser des Ozeans. Es kann nicht wirklich zwischen Wellen und Wasser unterschieden werden. Auf ähnliche Weise sind die vielfältigen Formen, die im Geist erscheinen, nichts anderes als der Geist selbst. Deshalb gibt es keinen Grund, störende Gefühle zurückzuweisen oder als vom Geist verschieden zu betrachten. Der durchschnittlich Praktizierende wird dies verstehen können, und durch die unmittelbare Erfahrung der Tatsache, dass die Emotionen einfach der Geist selbst sind, werden diese sich von selbst beruhigen.

Der Praktizierende mit gewöhnlichen Fähigkeiten wird durch diese Praxis in die Lage versetzt, sich eines störenden Gefühls bewusst zu werden, wenn es in seinem Geist erscheint. Er wird sich nicht von diesem Gefühl vereinnahmen und von ihm mitreißen lassen, wie das normalerweise geschieht. Es ist, als ob ein Verrückter plötzlich zu Sinnen käme: vom Irrsinn befreit, stellt sich sein normales Bewusstsein wieder ein. Auf diese Weise greift der Praktizierende, sobald er die Gegenwart eines störenden Gefühls bemerkt, zu der Praxis, die er für diesen Fall als die geeignete betrachtet. Auch wenn es unserem Bewusstsein an Klarheit mangelt, um uns vollkommen von dem störenden Gefühl zu befreien, so ist die bewusste Wahrnehmung der Emotion doch ein Ausgangspunkt für den Einsatz anderer Methoden, die leichter zu handhaben sind.

Tschagme Rinpotsche beschließt diesen Abschnitt mit der Feststellung, er selbst habe alle bis zu diesem Punkt beschriebenen Methoden in gewissem Umfang praktiziert. Er rät Lama Tsöndrü Gyamtso, der ihm die ursprüngliche Frage über die Emotionen gestellt hatte, diese Methoden in die Praxis umzusetzen, denn sie seien Früchte seiner eigenen unmittelbaren Erfahrung.

V. Wie man Emotionen als spirituellen Pfad nutzt

Eine weitere Warnung

Bei diesem Ansatz werden die störenden Gefühle weder aufgegeben noch auf irgendeine Weise verändert, statt dessen werden sie selbst zum Weg der Weisheit.

Ehe Tschagme Rinpotsche jedoch die Anweisungen gibt, ermahnt er seine Schüler, dass diese Methoden, weil sie von ganz besonderer Art seien, nicht von solchen Schülern angewandt werden können, die nur eine gewöhnliche Ebene der Verwirklichung oder Erfahrung in ihrer Praxis erreicht haben. Nur nachdem wir die Fähigkeiten unserer Schüler sehr sorgfältig beurteilt haben, können wir sie ermutigen, diese speziellen Methoden zu praktizieren. Um hiermit Erfolg haben zu können, muss der Schüler bereits eine sehr hohe Ebene der Verwirklichung erlangt haben.

Aus diesem Grund finden wir an dieser Stelle eine Anmerkung im Text, die darauf hinweist, dass der folgende Abschnitt sehr geheim sei. Denjenigen, die kein Vertrauen in diese Anweisungen hätten, sei er nicht offenzulegen, da sie nur falsche Vorstellungen und schlechtes Karma entwickeln würden.

Verblendung benutzen, um Verblendung zu überwinden – Schlaf durch Schlaf überwinden

Die praktische Vorgehensweise

Finde einen sauberen, abgelegenen Ort, der weit entfernt ist von jeglicher Störung und Ablenkung. Dort solltest du in vollkommener Abgeschiedenheit bleiben, ohne irgendjemanden während der Dauer deiner Praxis zu sehen.

Beginne damit, dass du eine Reihe von Reinigungsübungen ausführst. Löse dich zuerst von allen Personen, die deine Praxis durch ihre Nähe schädigen könnten. Wenn du zum Beispiel mit Menschen zusammenkommst, die ihr Samaya* verletzt haben, wird sich dies nachteilig auf die Reinheit deines Geistes auswirken, weshalb es besser ist, die Schlafpraxis in absoluter Einsamkeit durchzuführen, frei von jeder Ablenkung durch andere.

Die Nahrung, die du während dieser Zurückziehung zu dir nimmst, sollte von dir selbst erworben worden sein. Du solltest keine Nahrung essen, die dir von anderen angeboten wird. Der Grund hierfür ist, dass Leute, die kommen und einem Lama Essen anbieten, dies normalerweise aus eigennützigem Interesse tun. Vielleicht wollen sie, dass der Lama für sie Gebete spricht oder Rituale ausführt. Die Nahrung selbst ist folglich durch die Begierden der anderen verunreinigt und verpflichtet den Praktizierenden, wenn sie genossen wird, gegenüber dem Spender. Solche karmischen Verbindungen können während der Schlafpraxis zu einem Hindernis werden, weshalb diese Essensregel aufgestellt wurde.

Dann wasche dich gründlich und reinige dich mit Räucherwerk. Führe Opferrituale aus und die Meditation des Vajrasattva. Rezitiere sein hundertsilbiges Mantra, während du dir vorstellst, dass du alle negativen Handlungen, die du seit anfangloser Zeit begangen hast, bekennst und reinigst, vor allem jegliches beschädigte oder gebrochene Samaya.

All diese Vorbereitungen führen dazu, dass der Praktizierende vollkommenes Vertrauen in die eigene Reinheit und die Reinheit seiner Umgebung gewinnt.

Nimm dich davor in acht, während des Tages auch nur einen Augenblick lang einzuschlafen. Ermüde den Körper physisch durch Niederwerfungen und Umschreitungen. Wenn die Zeit zum Schlafen gekommen ist, lege dich auf ein bequemes Bett in der Stellung des schlafenden Löwen nieder, der Stellung, in welcher Buddha Shakyamuni starb – auf der rechten Seite liegend, mit der rechten Hand unter der Wange[22].

Visualisiere dich deutlich als deine Yidam-Gottheit und stelle dir in deinem Herzen einen Lotus mit vier Blütenblättern vor. Das Zentrum des Lotus ist weiß, auf ihm steht senkrecht eine weiße Silbe OM. Das vordere Blütenblatt ist blau, auf ihm steht eine blaue Silbe A. Das Blatt im Süden ist gelb, auf ihm steht die Silbe NU. Das hintere, westliche Blütenblatt ist von roter Farbe, auf ihm steht die Silbe TA. Auf dem nördlichen Blatt, das grün ist, steht der Buchstabe RA.

Während du einzuschlafen beginnst, lasse deinen Geist zuerst auf der Silbe A auf dem vorderen Blütenblatt ruhen. Während du dich immer tiefer in den Schlaf hineingleiten fühlst, richte deine Achtsamkeit auf die Silben auf den anderen drei Blättern, eine nach der anderen, bis du den Punkt erreichst, an dem du dabei bist, deine Bewusstheit zu verlieren, gerade am Rand des Schlafes. Zu diesem Zeitpunkt sollte dein Geist das Zentrum des Lotus erreicht haben und auf der Silbe OM ruhen. Lasse den Geist

---

22 Eine präzise und detaillierte Anleitung für die Schlafposition und die weiteren inneren Übungen sollten von einem erfahrenen Lehrer erworben werden.

auf dieser Silbe verweilen, ohne zu schwanken oder abzuschweifen, bis du wirklich das Bewusstsein verlierst und einschläfst. Wenn dies geschieht, magst du den Eindruck haben, dass die Außenwelt mit all den verschiedenen vom Geist geschaffenen Manifestationen sich auflöst und mit deinem Herzen verschmilzt. Hierauf folgt ein Augenblick, in dem der Geist sehr dumpf wird, alle Klarheit verliert und in totaler Dunkelheit versinkt. Es ist dies der Zeitpunkt, in dem die verschiedenen Energien des Geistes in den Zentralkanal* eintreten und für einen winzigen Augenblick das klare Licht des Geistes erscheint. Wenn du ohne Ablenkung in ihm zu verweilen vermagst, wird es dir gelingen, das klare Licht zu erkennen.

Schlaf und Tod

Weshalb ist es so wichtig, dass wir lernen, uns dieser Zustände bewusst zu werden? Der Grund liegt darin, dass der Schlaf so etwas Ähnliches ist wie eine kleine Form des Todes. Beim Einschlafen durchleben wir genau denselben Prozess, der im Augenblick des Todes abläuft. Wenn wir die verschiedenen Stadien des Schlafes zu erkennen lernen und uns ihrer bewusst sind, wenn sie erscheinen, können wir diese Lebenszeit als ein Übungsfeld für das nutzen, was uns im Augenblick des Todes und danach geschieht.

Indem wir von einer Existenz zur nächsten fortschreiten, erfahren wir eine Folge von Zwischenzuständen oder Bardos. Der Bardo, in dem wir uns gegenwärtig befinden, wird der Bardo des Lebens genannt. Er umfasst den Zeitraum zwischen dem Augenblick der Geburt und dem des Sterbens. Wenn wir einschlafen, tritt unser Geist in einen weiteren Bardo ein, den Bardo von Schlaf und Traum, wo er verweilt, bis wir aufwachen. Diese beiden Bardos können als Übungsmöglichkeiten genutzt werden für die anderen, die im Augenblick des Todes zu erscheinen beginnen.

Wenn es uns gelingt, die illusorische Natur unseres wachen Bewusstseinszustandes vollkommen zu erkennen, werden wir auch darin Erfolg haben, die Manifestationen der Verwirrung, die in unserem Schlaf erscheinen, zu durchschauen. Im Traum werden wir den Traum als solchen erkennen und so unseren Geist von der Verwirrung des Traumzustandes befreien. Wenn wir uns gründlich hierin üben, werden wir uns auch im Augenblick des Todes und danach, wenn unser Karma sich in der Form der unterschiedlichen Illusionen zu manifestieren beginnt, die unser Geist geschaffen und erfahren hat, von dieser Verwirrung befreien können.

Die Welten des Schlafens und Wachens

Im Bardo dieser gegenwärtigen Lebenszeit ist unser Geist sich der wahren Natur der Dinge nicht bewusst. Aus dieser Unwissenheit heraus entwickelt der Geist die fünf Gifte, die fünf störenden Gefühle. Diese wiederum lassen alle Arten von Gedanken und Vorstellungen aufsteigen.

Alle unsere Gedanken, die groben wie die subtilen, sind durch das eine oder andere der fünf Gifte in unserem Geist beeinflusst. Wenn wir uns dessen nicht bewusst sind, folgen wir jedem Gedanken, sobald er erscheint, wir entwickeln ihn weiter, wir erinnern uns an ihn, wir überdenken ihn im Geist, wir wollen bestimmte Dinge erreichen, andere wollen wir vermeiden. Und so gehen wir durchs Leben, voll Hoffnung und Angst, stets im Bestreben, das zu bekommen, was wir erreichen wollen und in der Furcht vor dem, was wir nicht wünschen, dass es geschieht. Wenn es uns nicht gelingt, das zu erlangen, was wir wollen, leiden wir. Sind wir erfolgreich, vermeiden wir vielleicht unmittelbares Leid, aber die Vergänglichkeit der Dinge wird früher oder später dazu führen, dass wir alles verlieren, was wir haben, und wir werden noch mehr leiden.

Selbst wenn wir unser Lebensziel verwirklichen, können wir uns nicht zufrieden zurücklehnen, weil es keine Garantie dafür gibt, dass unser Erfolg von Dauer sein wird. Die Dinge sind immer im Wandel. Ebenso wie unsere Erfolge der Vergänglichkeit unterworfen sind, wird ein angenehmer Lebensabschnitt oft von einer Phase abgelöst, in der wir uns mit etwas auseinandersetzen müssen, das uns überhaupt nicht behagt. Uns bleibt jedoch nichts anderes übrig, als damit zu leben.

Aus diesem Grund durchdringt Angst viele Aspekte unseres Lebens. Wir fürchten uns vor Krankheit und Alter, vor Tod und Wiedergeburt. Wir fürchten uns davor, zu verlieren, was wir haben und nicht zu bekommen, was wir gerne hätten.

All die verschiedenen Bardozustände sind die sichtbare Form unserer inneren Tendenzen, die von unseren früheren Taten herbeigeführt wurden. Dies bedeutet, was immer uns in einem der Bardos zustößt, wird der Ansammlung des in unserem Geist gespeicherten Karmas entsprechen. Aus diesem Grund neigen wir dazu zu denken, dass wir unser Leben nicht vollkommen unter Kontrolle haben. Tatsächlich hängt die Form, welche diese Illusionen annehmen, von bereits vollbrachten Handlungen ab.

Die sichtbaren Ergebnisse unserer Verwirrung, die verschiedenen Bardozustände, haben in Wirklichkeit keinerlei konkrete Realität, keine echte Form, Gestalt oder Farbe. Wenn sie all dies zu haben scheinen, so doch nur aufgrund der Verwirrung des Geistes. Aber wir verstehen das nicht und leiden folglich. Alles, was wir denken oder wahrnehmen, sind einfach von unserem Geist geschaffene Eindrücke. Aufgrund der Verwirrung des Geistes sind wir davon überzeugt, dass die erscheinenden Erfahrungen außerhalb des Geistes sind und wir sie kontrollieren, verändern, beeinflussen können. Alle unsere Anstrengungen sind darauf gerichtet, bestimmte Ziele zu erreichen, bestimmte Situationen aufrecht zu erhalten oder das Eintreten bestimmter Ereignisse zu verhindern. Da wir aber in einer Illusion befangen sind, schaffen wir uns dadurch nur weiteres Leid.

Wie bereits im Abschnitt über das Erkennen der Natur der Emotionen erklärt wurde, müssen wir lernen, das wahre Wesen jedes der fünf störenden Gefühle zu erfahren, wann immer sie im Geist erscheinen. Welche Gedanken auch immer von ihnen hervorgerufen werden – ob grobe oder subtile – wir müssen die wahre Essenz jedes Gedankens betrachten, wenn er im Geist auftaucht. Dann werden wir sehen, dass Gedanken, diese emotional befrachteten Gebilde, weder eine bestimmte Form noch eine Farbe haben, und dass sich nichts Eindeutiges über sie sagen lässt. In dem Augenblick, in dem wir verstehen, dass eine Emotion nicht wirklich gesehen werden kann, verstehen wir ihre wahre Natur. Sie ist wie der offene Raum. Wenn wir dies erkennen, erblicken wir die letztendliche Wirklichkeit der Emotion, wodurch wir uns von ihr befreien. In diesem Augenblick werden wir frei von unserem verwirrten Geist und der Verwirrung, die er anrichtet. Wir erfahren die Dinge nicht mehr in den Kategorien von Subjekt und Objekt.

Wenn wir dies im wachen Zustand begreifen, dann können wir auch beim Schlafen und Träumen dasselbe Verständnis in Bezug auf den Traum haben, den wir gerade erleben. Wir werden in der Lage sein, uns von der Illusion des Traumes zu befreien. Wenn wir frei von Anhaftung an die verschiedenen Wahrnehmungen des Wachzustandes bleiben, können wir auch während des Schlafes frei von dieser Anhaftung bleiben.

Die Welt, die wir erfahren, wenn wir wach sind, gleicht in vielerlei Hinsicht einem Traum, in dem Sinn, dass sie nicht wirklich oder festgefügt ist und nur als eine Projektion des Geistes existiert. Wir müssen uns daran gewöhnen, den Geist in dieser Erkenntnis ruhen zu lassen. Doch sollten wir nicht verkrampft eine Welt verneinen, von deren Existenz wir eigentlich überzeugt sind. Wir lassen vielmehr den Geist von selbst die Tatsache erkennen, dass diese Welt zu keiner Zeit wirklich existiert hat und sie nichts weiter als eine Projektion unseres Geistes ist.

Ein Weg, zu dieser Erkenntnis zu gelangen, besteht darin, das Gesetz der Vergänglichkeit zu bedenken. Wenn wir sehen, wie sich die Welt verändert, erkennen wir, dass nichts auch nur einen Augenblick lang gleich bleibt, die Zeit bleibt niemals stehen. Den Erscheinungen zum Trotz ist die Welt nichts fest Gefügtes, auf das wir uns verlassen können. Sie ist vielmehr wie ein Traum oder eine Illusion, ein Film im Fernseher unseres Geistes. Wir müssen erkennen lernen, dass unsere Erlebnisse im Wachbewusstsein von dieser illusionären Natur sind und uns davor hüten, Anhaftung an die Geschehnisse zu entwickeln, die sich in diesem Film ereignen. Bei allem, was geschieht, müssen wir die Bewusstheit aufrechterhalten, dass das Leben im Wachzustand nichts weiter ist als eine Illusion oder ein Traum. Dadurch, dass wir diese Sichtweise in Bezug auf die wahre Natur unseres Daseins entwickeln – dass es nichts weiter ist als Verwirrtheit, die unser Geist projiziert – befreien wir uns schließlich von der Verwirrung. Wir können dann dauerhaft in der Erkenntnis verweilen, dass alles Geist ist. Dies ist der erste Schritt, die Verwandlung des Schlafes zu praktizieren.

Dadurch, dass wir uns an diese Sichtweise gewöhnen, entwickeln wir eine Grundhaltung, die in der Nacht, während wir träumen, zum Tragen kommt. Mitten im Träumen werden wir plötzlich den Traum als Traum erkennen, eine vom Geist ausgestrahlte Illusion. Haben wir die wahre Natur des Traumes einmal wahrgenommen, können wir in der letztendlichen Wirklichkeit des Geistes verweilen und uns von der Verwirrung befreien, die sich im Traum offenbart.

Die Ursachen für unsere Träume

Was verursacht nun die Träume, wo kommen sie her, wodurch werden sie geschaffen? Unsere Träume werden durch die gewohnheitsmäßigen Denk- und Handlungsweisen während unseres wachen Lebens verursacht. Da wir glauben, dass alles, was wir bei wachem Bewusstsein erfahren, real sei, entwickeln wir die Neigung, auf eine bestimmte Art zu denken und zu handeln, die der Geist dann während des Schlafes in der illusionären Form des Traums projiziert.

Wenn wir gewohnt sind, bei wachen Sinnen diesen gegenwärtigen Zustand der Verwirrung für wirklich zu halten, dann wird sich dieselbe Annahme in unseren Träumen manifestieren. Wir werden davon überzeugt sein, was dort geschieht, sei wirklich bedeutsam, und diese Einschätzung mag sogar nach dem Aufwachen weiterbestehen: Wir glauben, unser Traum stehe in irgendeiner Beziehung zu unserem wachen Leben. Über einen angenehmen Traum freuen wir uns und denken, dass dies vielleicht ein Zeichen dafür sei, dass uns etwas Angenehmes widerfahren wird. Haben wir einen unangenehmen Traum, machen wir uns darüber Sorgen, er könnte ein schlechtes Omen sein. Auf diese Weise benutzen wir den Traum dazu, unsere täglichen Hoffnungen und Ängste weiter anzuheizen, was uns nur noch mehr leiden lässt. Wenn wir einmal erkennen, dass Träume nichts weiter sind als Manifestationen unseres Geistes, wird uns ihr Inhalt nicht mehr berühren.

Nehmen wir zum Beispiel zwei Menschen, die in einem Zimmer schlafen. Die Tatsache, dass sie sich physisch in demselben Zimmer befinden, bedeutet nicht, dass sie denselben Traum haben werden. Ihre Träume werden vom jeweiligen Wachbewusstsein der beiden Personen abhängen. Der eine mag einen sehr angenehmen Traum haben und glücklich aufwachen. Der andere hat vielleicht einen Albtraum und ist sehr verängstigt und in Nöten. Der Geist jedes Einzelnen schafft seinen eigenen Traum.

Wenn wir im Augenblick des Erwachens den soeben erlebten Traum sorgfältig betrachten, können wir sehen, dass die Traumwelt, von deren Existenz wir so fest überzeugt waren, als wir noch in ihr weilten, sich vollkommen verflüchtigt hat. Indem wir uns wirklich darum bemühen, uns jedesmal, wenn wir aufwachen, diese Tatsache deutlich vor Augen zu führen, werden wir damit aufhören, eine reale Verbindung zwischen Traum und wachem Leben herzustellen.

Wenn wir unserem Geist gestatten, während der Meditation in dem ihm eigenen natürlichen Zustand zu verweilen, in der natürlichen Realität, die wir Mahamudra* nennen, dann werden wir, wann immer ein Gedanke im Geist erscheint, sofort die wahre Essenz erkennen und frei von ihm werden. Dieser Prozess ist auch im Schlaf wirksam, und dies ist es, was wir lernen, wenn wir uns darin schulen, den Traum zu erkennen. Im bewussten Erkennen von Träumen erfolgreich zu sein, setzt die losgelöste Haltung gegenüber dem Leben im Wachzustand voraus, von der oben die Rede war. Diese ist es, die uns einmal erlauben wird, das klare Licht beim Einschlafen zu erkennen, sowie die wahre Natur der sich einstellenden Träume.

Zusammengefasst: Wenn wir mit den Manifestationen des Geistes im Schlaf arbeiten wollen, müssen wir mit unserem Leben im Wachzustand anfangen.

Das feine klare Licht

Wir haben schon erwähnt, dass das klare Licht die Erfahrung des schlafenden Geistes im traumlosen Zustand ist. Das klare Licht kann auf vielen unterschiedlichen Ebenen erfahren werden, weshalb es für solche Erfahrungen verschiedene Bezeichnungen gibt. Wir sprechen zum Beispiel vom feinen klaren Licht, dem tiefen klaren Licht, dem klaren Licht der Meditation und dem wirklichen oder letztendlichen klaren Licht.

Das feine klare Licht ist ein Zustand, der sich einstellt, wenn wir diese Praxis mit einem hohen Maß an Haften durchführen. Wenn wir das Bewusstsein verlieren, schläft unser Geist nicht wirklich ein. Wir sind so sehr von dem Wunsch besessen, unseren schlafenden Geist zu erkennen, dass der Geist in einem Zustand verharrt, der weder Schlaf noch Wachen ist, aber trotzdem klar und der Situation bewusst. Dabei projiziert der Geist aus sich heraus einen Zustand der Illusion, der jener Situation, in der wir uns normalerweise im wachen Zustand befinden, so ähnlich ist, dass wir unfähig sind zu erkennen, ob wir schlafen oder wachen. Wir bleiben mitten in der Erfahrung stecken und bemühen uns, mit verschiedenen Mittel festzustellen, ob wir wach sind oder schlafen; jedoch keines der Prüfungskriterien erscheint uns verlässlich.

Diese sehr lebhafte Erfahrung geht auf einen starken Eindruck im Gedächtnis zurück. Wir bemühen uns angestrengt um die Erfahrung des klaren Lichts, und unser Bestreben ist so stark, dass der Geist sehr klar wird. Dies stimuliert die Erinnerung an unsere im Wachzustand durchgeführte Meditation. So ist, was wir erfahren, in Wirklichkeit die Erinnerung an unsere Meditation, die vom verwirrten Geist reproduziert wird.

Solche Erfahrungen werden oft von Leuten in der dreijährigen Zurückziehung gemacht, weil sie die Gewohnheit entwickeln, während des Tages zu meditieren, was leicht während des Schlafes wieder eintreten kann. Ebenso wird diese Erscheinung häufig durch die oben beschriebene Visualisierung des Lotus und seiner Silben hervorgerufen. Der Grund hierfür ist Anhaftung. Wenn wir diese Silben mit sehr viel Anhaften visualisieren – wir verspüren echtes Verlangen, das klare Licht zu sehen, und die Aussicht darauf erfüllt uns mit Erregung – wird der Geist verspannt. Ja, manchmal führt die Anspannung dazu, dass wir überhaupt nicht einschlafen können. Selbst wenn es uns gelingt, einzuschlafen, verändert sich der natürliche Prozess des Schlafens und der Geist befindet sich in der Schwebe, an der Grenze zwischen Wachen und Schlafen, daher die Erfahrung des feinen klaren Lichts.

Wie man im Schlaf meditiert

Aus diesem Grund solltest du beim Einschlafen einfach den Geist in seiner wahren Natur belassen, ohne ihn irgendwie zu beeinflussen. Dann lasse deinen Geist sehr sanft auf jedem der Buchstaben des Lotus verweilen, ohne dich von der Meditation ablenken zu lassen. Betrachte diese Buchstaben wie die Meditationsgegenstände, die du zur Beruhigung des Geistes benutzt: lasse den Geist bei dem Gegenstand, aber ohne Konzentration, ohne den Geist auf irgendeine Weise zu zwingen; er sollte klar und entspannt sein.

Durch diese Übung wirst du nach und nach lernen, die verschiedenen Stadien der Dumpfheit zu erkennen, die den Geist überkommen, während du einschläfst. Dasselbe gilt für die subtilen Zeichen, die das Nachlassen der Macht der Elemente im Körper begleiten. Die männlichen und weiblichen Grundenergien treffen dann im Herzzentrum zusammen, wobei sie das Bewusstsein zwischen sich einschließen, was als ein Augenblick des Bewusstheitsverlustes empfunden wird. Nebenbei sei erwähnt, dass dies genau dem Vorgang beim Sterben entspricht, weshalb Einschlafen und Sterben ähnliche Vorgänge sind.

Dieser Moment der Bewusstlosigkeit kann dann der Meditation Raum geben, die wir im wachen Leben gepflegt haben. In der Mahamudra-Praxis entwickeln wir die Fähigkeit, entspannt in dem klaren Bewusstsein der Einheit von Erscheinung, Klarheit und Leerheit zu meditieren. Diese Tendenz wird sich nun wieder durchsetzen, so dass der Geist seine Klarheit wiedergewinnt. Trotz des Schlafs befindet sich der Geist eigentlich in Meditation.

Indem du in diesem Zustand verweilst, was für lange Zeit möglich ist, wird schließlich ein Traum in dem Moment erscheinen, wenn der Geist wieder beginnt, seine Illusionen auszustrahlen. Aber du wirst von ihnen nicht wie gewöhnlich beeinflusst, sondern betrachtest den Traum wie die Reflexion in einem Spiegel. Der Geist erkennt, dass der Traum bar jeder Realität ist. Deshalb bist du an den Geschehnissen im Traum überhaupt nicht beteiligt. Du wirst von ihnen ebenso wenig berührt wie die Fläche eines Spiegels von den verschiedenen Bildern, die auf ihr erscheinen, wie vielgestaltig und bewegt diese Spiegelungen auch sein mögen.

Der Traum erscheint auf diese Weise, weil wir uns im wachen Leben darin geübt haben, uns nicht von Anziehung und Zurückweisung, Anhaftung und Widerwillen beeinflussen zu lassen. Diese Gewohnheit setzt sich im Schlaf durch, weshalb wir, selbst wenn der Geist verwirrte Formen und Gedankenmuster projiziert, diese nicht verfolgen oder zurückweisen. Der Geist bleibt frei von störenden Gefühlen, versenkt in die Mahamudra-Meditation. Jeder Gedanke wird sofort bei seinem Erscheinen als unwirklich erkannt, wodurch er ganz natürlich wieder im Zustand der Meditation aufgeht. Dies ist der Grund, weshalb wir auch einem Traum gegenüber distanziert bleiben können, der bereits im Gange ist.

Selbst wenn deine Bewusstheit versagt und du in das Traumgeschehen hineingezogen wirst, kannst du immer noch so bewusst bleiben, dass du durch Meditation über Leerheit deine Anhaftung an die Vorgänge beseitigen kannst. Beängstigende Situationen bieten oft einen Stimulus für diese Art von Reaktion. Du kannst dich auch als eine Yidam-Gottheit visualisieren oder zum Lama oder der Meditations-Gottheit um Schutz und Hilfe beten. Dies kann dazu führen, dass der Traum seinen Verlauf ändert und eine erschreckende Situation, in der du dich befindest, sich verwandelt. Wenn dir dies während des Schlafes gelingt, wird dasselbe sicher auch nach dem Tod der Fall sein, wenn du dich vielleicht ähnlich beängstigenden Situationen gegenübersiehst. Für Tibeter ist diese Praxis ganz natürlich, da sie von frühester Kindheit an gewohnt sind, immer sofort zum Lama oder den Drei Juwelen* zu beten, wenn sie in Schwierigkeiten sind. Diese Reaktion ist Teil ihrer Kultur, und so stellt sie sich mühelos auch im Traum ein. Für Menschen aus dem Westen ist das nicht so einfach, weshalb besondere Anstrengungen notwendig sind.

Sich von furchterregenden Erfahrungen zu befreien und sie zu verwandeln, ist eine weitere Übungsform, die du während des Schlafes praktizieren kannst. Wenn du im Traum erkennst, dass du träumst, kannst du diese Bewusstheit dadurch verstärken, dass du versuchst, den Lauf des Geschehens gezielt zu beeinflussen. Solltest du zum Beispiel an der Abbruchkante einer Felswand stehen, voller Angst, hinabzustürzen, dann musst du denken, „dies ist nur ein Traum und so kann ich mich nicht verletzen" und dann einfach vom Felsen hinunterspringen. Du kannst dich nicht verletzen, weil der Traum nicht real ist. Diese Übung deiner Bewusstheit von der wahren Natur des Traums ist eine ausgezeichnete Methode, innerhalb des Traums immer freier zu werden, während dein Festklammern und deine Anhaftung an die Realität des Traums abnehmen.

Das tiefe klare Licht

Wir wenden uns nun dem zu, was das tiefe klare Licht genannt wird. Das ist ein Zustand, bei dem der Geist während der gesamten Schlafenszeit in Mahamudra-Meditation ruht. Da dieser Zustand jenseits von Dualität liegt, ist er so tief, dass weder ein bestimmter Geist als Subjekt noch Erfahrungen als Objekt erlebt werden. Wir haben keinerlei Bewusstheit mehr, weder Erfahrungen, noch Träume, und in dem Augenblick, da unser Geist erwacht, befinden wir uns immer noch in Meditation, in der letztendlichen Essenz des Geistes. Wir fühlen uns glücklich und entspannt, im Körper wie im Geist. Selbst die Haut sei sehr hell und zart, sagte Gampopa. Dies sind Zeichen dafür, dass wir im tiefen klaren Licht geweilt haben; es ist jedoch keine Erfahrung, die wir bewusst haben können.

Das klare Licht der Meditation

Eine andere Form des klaren Lichts ist, was wir das klare Licht der Meditation nennen. Es kommt von einer kontinuierlichen Übung der Geistesruhe. Während dieser Art von Meditation machen wir die drei Erfahrungen der tiefen geistigen Ruhe von Glückseligkeit, Klarheit und Freiheit von diskursiven Gedanken. Wenn diese entwickelt sind, verbleiben sie im Geist, selbst wenn er schläft, und beeinflussen so unsere Wahrnehmung im Schlaf.

Nachdem wir eingeschlafen sind, haben wir den Eindruck, dass der Geist aus dem Herzen herausstrahlt, voll Klarheit und Leuchtkraft. Er scheint den gesamten Körper zu erfüllen und nach draußen in das umgebende Zimmer, in dem wir schlafen, zu strahlen. Wir haben den Eindruck, als könnten wir auf unseren schlafenden Körper hinabschauen und alle ihn umgebenden Gegenstände im Zimmer sehen. Gleichzeitig wissen wir, dass wir schlafen, es gibt überhaupt keinen Zweifel.

Diese Erfahrung kann sich dann einstellen, wenn unser Wachbewusstsein in der Meditation sehr gefestigt ist. Entwickeln wir diese Stabilität des Geistes noch weiter, kann das Licht des schlafenden Geistes noch stärker ausstrahlen, so

dass der Geist über den Raum, in dem wir schlafen, hinaus-
reicht. Je stabiler der Geist, desto weiter reicht sein Licht.

Das letztendliche klare Licht

Dem letztendlich klaren Licht begegnen wir, wenn alle mit
der Geistesruhe verbundenen Erfahrungen durch die Kraft
der Einsichtsmeditation aufgelöst worden sind. Diese fort-
geschrittene Praxis bringt die wahre, ursprüngliche Weisheit des Geistes hervor, an welchem Punkt alle Erfahrungen
von strahlendem Licht verblassen, um durch Klarheit und
Leerheit, die ursprüngliche Wirklichkeit des Geistes, ersetzt
zu werden. Nun verweilt der schlafende Geist im letztendlichen klaren Licht, seiner wahren Realität.

Während der Praxis der Geistesruhe befrieden wir unsere grobe Anhaftung und unser Klammern an der ver-
meintlichen Realität der Welt, und dies bringt in der Meditation und während des Schlafs die zuvor beschriebenen
Erfahrungen hervor. Während der Einsichtsmeditation arbeiten wir daran, die subtilere Anhaftung an der Realität
der Welt zu beseitigen. Aus diesem Grund sind die Erfahrungen, die wir bei dieser Art von Praxis im Traum und in
der Meditation haben, sehr unterschiedlich. All die vielfältigen Erfahrungen und Verwirklichungen, die uns in unserer Meditationspraxis zuteil werden, haben ihre Auswirkungen auf unseren Schlaf.

Dies bringt uns zum Ende der ersten Gruppe von Praxisformen, die uns erlauben, Emotionen als Weg zur Verwirklichung zu nutzen. Wenn wir während des Schlafs und Traums meditieren, brauchen wir die Manifestationen der Verblendung nicht aufzugeben, sondern können stattdessen in ihnen arbeiten, um Erleuchtung zu erlangen.

Begierde durch Begierde auflösen

Die Vereinigung im Vajrayana

Es ist Teil unserer Praxis, die Vereinigung von Methode und Weisheit zu verwirklichen. Über diesen Aspekt wird im Vajrayana* viel gesprochen, aber viele Menschen haben ein grundlegend falsches Verständnis davon, was dies wirklich bedeutet. Oft denken sie, die Nichtdualität oder Vereinigung von Männlichem und Weiblichem bedeute die Vereinigung von Mann und Frau. Tatsächlich ist dies eine sehr begrenzte Sichtweise, durch die viele tiefgreifende Fehler Eingang in die Meditationspraxis finden können.

Wenn wir Weisheit sagen – das ist der weibliche Aspekt – so meinen wir damit die Tatsache, dass Phänomene, ohne eine einzige Ausnahme, keine unabhängige Existenz besitzen. Wenn wir das Wort Methode benutzen, sprechen wir über die männliche Seite aller Phänomene, nämlich die Tatsache, dass Erscheinungen sichtbar sind. Sprechen wir über die Vereinigung von Weisheit und Methode, so wird damit auf die Wahrheit hingewiesen, dass zwischen der Manifestation der Phänomene und der Tatsache, dass sie ohne eigenständige Existenz sind, nicht unterschieden werden kann. Dies bedeutet, die Leerheit nicht zugunsten der Manifestation zurückzuweisen und die Manifestation nicht zugunsten der Leerheit. Wir müssen lernen, den Geist in der natürlichen Vereinigung dieser Gegensätze ruhen zu lassen.

Wenn wir die Vereinigung von Methode und Weisheit in diesem letztendlichen Sinn nicht vollkommen verstehen, werden wir immer, wenn wir über Gottheiten in Vereinigung meditieren, nur das Geistesgift der Begierde verstärken. Das Gefühl der Anhaftung wird sich weiter verschlimmern, was das Problem nicht löst.

Andererseits sollten wir nicht in das gegenteilige Extrem verfallen und die Vorstellung von Frauen als Verkörperung von Weisheit und Männer als Verkörperung von Methode gänzlich zurückweisen. Wenn wir dies tun, nehmen wir den Standpunkt des krassen Nihilismus ein, der dazu führt, die wahre Natur der Dinge zurückzuweisen.

Alle Manifestationen, die aus unserem Geist aufsteigen, verdanken ihre Form dem Geist, der sie hervorbringt. Dies bezeichnen wir als „Tendrel", die gegenseitige Beziehung, die zwischen der Manifestation und dem sie hervorbringenden Geist besteht. Solange unser Geist auf dualistische Weise arbeitet, ist die Welt, die er schafft, dazu verurteilt, Ausdruck dieser Dualität zu sein. Und ein Teil jener Dualität besteht darin, die Existenz von Mitgliedern entgegengesetzter Geschlechter in diese Welt zu projizieren, zusammen mit den frustrierenden Beziehungsketten, die entstehen, wenn diese zwei Anziehungspole versuchen, die Dualität, die sie widerspiegeln, aufzulösen.

Ist unser Geist erst einmal vollkommen rein, dann werden auch seine Manifestationen Ausdruck reiner Weisheit sein. Die natürliche Vereinigung der Weisheitsgottheiten ist hierfür ein Symbol. Hiermit drückt der Geist die Nichtdualität von Manifestation und Leerheit aus. Die Weisheitsgottheiten selbst sind ohne jede Anhaftung und Begierde, ihre Vereinigung bedeutet nicht, dass sie leidenschaftlich in einander verliebt wären.

Die Meditation über einander umarmende Gottheiten dient dazu, eine Verbindung zwischen unserem gegenwärtigen Geisteszustand und dem Zustand der letztendlichen Nichtdualität herzustellen, der Manifestation derjenigen Weisheit, zu der die Vereinigung der Gottheiten gehört.

Wenn jemand, der diese natürliche Realität nicht versteht, über Gottheiten in Vereinigung meditiert, wird das nur die Gewohnheiten der Begierde, die in seinem Geist sind, verstärken. Wir alle haben zu jeder Zeit zwei Tendenzen in unserem Geist: Verblendung und Weisheit. Solange die Verblendung überwiegt, können wir die erleuchtete Wirklichkeit unseres Geistes nicht erkennen und betrachten uns als gewöhnlich. Der einzige wirkliche Unterschied zwischen einem Buddha und einer gewöhnlichen Person besteht darin, dass der Buddha die wahre Natur seines Geistes erkannt hat, der gewöhnliche Mensch jedoch nicht. Wenn wir uns wirklich als Gottheiten sehen, was die natürliche Sichtweise ist, die aus der Erkenntnis der wahren Realität unseres Geistes entsteht, dann sind wir ein Buddha und haben Weisheit erlangt. Wenn wir die wahre Natur nicht sehen, bleibt unser Geist unter dem Einfluss von Emotionen wie Hass und Anhaftung, was die Erfahrung einer Welt voller Unreinheiten bewirkt. Wir brauchen nicht hinauszugehen, um Buddhaschaft zu finden – Buddhaschaft ist etwas, was wir bereits haben, wir müssen sie nur erkennen.

Unter den verschiedenen Emotionen ist das Gefühl der Anhaftung am schwierigsten zu beseitigen, und zwar deshalb, weil wir alle eine tiefwurzelnde Neigung haben, die danach strebt, Dinge zu ergreifen, wobei uns die Vorstellung, das Festhalten und Anhaften wirklich aufzugeben, sehr befremdend vorkommt. Dies gilt besonders für die Anhaftung im sexuellen Bereich. So sind wir durch das Seil der Anhaftung, das so ungemein schwierig zu durchtrennen ist, ständig an das Rad der zyklischen Existenz gefesselt.

Die vier Mudras

Die Methode, Begierde als Weg zur Erleuchtung zu nutzen, beinhaltet die Arbeit mit den „vier Mudras".

Die erste ist die Karmamudra. Eine Karmamudra zu benutzen, bedeutet, die Vereinigung mit einer physischen Frau zu praktizieren. Diese muss jedoch die für die Praxis erforderlichen Qualitäten besitzen. Jedoch wird jeder, der die Bodhisattvastufen noch nicht erlangt hat, den niederen Daseinsbereichen verfallen, wenn er versucht, diese Methoden einzusetzen. Das Zeichen der Verwirklichung eines Bodhisattva ist es, frei von jeglicher Anhaftung an Dualität und Ego zu sein, was ihm erlaubt, in der äußeren Welt auf viele erstaunliche Arten zu handeln und Taten zu vollbringen, die wir Wunder nennen. Alles, was dabei wirklich geschieht, ist, dass innere Verwirklichungen in der äußeren Welt sichtbar werden.

Jedoch wird jemand, der sich hinsichtlich seiner eigenen Stufe der Verwirklichung irrt und aus Stolz denkt, dass er schon die Bodhisattvastufen erreicht habe, in der Illusion befangen sein, dass es für ihn nicht notwendig sei, die Gelübde des ethischen Handelns zu halten. Sein Geist wird unter den Einfluss noch stärkerer Gefühle geraten und er wird damit fortfahren, sich den zehn nichtheilsamen Handlungen hinzugeben, in der Meinung, dass er das Gesetz des Karma hinter sich gelassen habe und deshalb keine Folgen befürchten müsse. Doch damit täuscht er nicht nur sich selbst, er führt auch andere in die Irre, die ihm aus Unkenntnis vertrauen und seinem Beispiel folgen, weshalb ihm eine solch schwerwiegende Folge wie die Geburt in den niederen Daseinsbereichen bevorsteht.

Diejenigen, die nicht der klösterlichen Gemeinschaft angehören und in den Praktiken wohlgeübt sind, bei denen mit den subtilen Energiekanälen und deren Energie gearbeitet wird, können mit einer Karmamudra praktizieren. Sie werden vajraführende Haushälter genannt. Solche Praktizierende werden auf Einhaltung der allgemeinen Gelübde des ethischen Verhaltens, der Laiengelübde, achten. Es wird gesagt, dass viele der Tertöns* oder Schatzfinder, wie auch Mitglieder der Sakya- und Drikung-Schulen diese Praxis anwenden.

Die zweite Art von Mudra ist die Samayamudra, womit die Praxis des Tummo, der mystischen Hitze, gemeint ist. Diese Praxis besteht aus der Meditation des Weisheitsfeuers. Die dabei erzeugte Wärme bringt die Energie des Bodhicitta im Körper zum Schmelzen. Jedesmal, wenn wir Begierde verspüren, wird die durch die Emotion hervorgerufene Wärme, das Tummo, als die Vereinigung von Glückseligkeit und Leerheit erfahren, vorausgesetzt, dass unser Geist dauerhaft und unerschütterlich in einem Zustand der Leerheit verweilt.

Während der Tummopraxis ist es sehr wichtig, die innere Kraft des Körpers nicht zu verlieren. Dies bedeutet, unsere sexuelle Energie wie unser Leben zu hüten, dass nichts davon durch Anhaftung verloren geht. Die Praxis des Tummo ist in der Dhagpo-Kagyü-Linie verbreitet.

Die dritte Art von Mudra ist die Weisheitsmudra, auf Sanskrit Jñanamudra genannt. Die Weisheitsmudra ist der

Geist der Meditation. In der Praxis üben wir die Meditation der Gottheit in Vereinigung, die Verbindung von männlichem und weiblichem Aspekt, die als untrennbar angesehen werden. Durch diese Art von Meditation stellen wir eine Verbindung mit der Gleichheit von Gegensätzen her, die dem Zustand der absoluten Wirklichkeit zu eigen ist. Es ist dies die oben beschriebene Vereinigung von Manifestation und Leerheit.

Mahamudra, die letzte der vier Mudras, ist die dem Geist eigene Leerheit, auch „Mutter der Buddhas der drei Zeiten" genannt, weil aus ihr die vier Edlen in Erscheinung treten: die Shravakas*, die Pratyekabuddhas*, die Bodhisattvas* und die Buddhas. Die Meditation über Leerheit wird auch die „Praxis der Großen Mutter" bezeichnet. Es ist eine Methode, die insbesondere für jene von großem Wert ist, welche die yogischen Praktiken, die auf der Nutzung der subtilen Kanäle und ihrer Energien beruhen, nicht anwenden können, wie zum Beispiel ältere Menschen.

In diesen vier Mudras finden wir die unterschiedlichen Methoden, Begierde als ein Mittel zu benutzen, die Erleuchtung zu erreichen.

Zorn mit Zorn bezwingen

Der Lebenszyklus eines Dämons

Wir werden ärgerlich, wenn Leute und Situationen uns Widerstand entgegensetzen. Um mit diesem Gefühl zu arbeiten, brauchen wir also Feinde.

Die beste Art von Situationen, in denen wir uns üben können, sind die vielfältigen behindernden Umstände, die uns in unserem täglichen Leben begegnen. Solche Schwierigkeiten werden oft durch feinstoffliche Wesen bewirkt, die uns übelwollen und denen es Vergnügen macht, uns Schwierigkeiten zu bereiten.

Solche negativen Kräfte oder Dämonen sind Wesen, die in einem früheren Leben eine große Zahl schädlicher Handlungen begangen haben. Aus diesem Grund haben sie die Neigung entwickelt, anderen Schaden zuzufügen, eine Neigung, die ihre Denkgewohnheiten so weit verdorben haben, dass sie immerfort falsche Ansichten und negative Einstellungen hegen und von dem Wunsch besessen sind, andere leiden zu sehen. Diese negativen Wünsche führen zu einer Wiedergeburt, in der solche Wesen, auch wenn sie selber leiden, ihr ganzes Leben damit zubringen, so vielen anderen Wesen wie möglich Schaden zuzufügen. Ihr einziger Gedanke ist, den Kreislauf der Existenzen samt den damit verbundenen Leiden aufrechtzuerhalten, und ihr wichtigstes Ziel besteht darin, andere Wesen daran zu hindern, Erleuchtung zu erlangen. Wegen der weitreichenden Auswirkungen dieser negativen Handlungen können diese Wesen damit rechnen, ihren Weg in die Hölle zu finden.

Falls wir Wut und Hass entwickeln, wenn wir mit einem solchen Wesen zusammentreffen, wird der Dämon von unserem Körper und Geist Besitz ergreifen. Wir werden von ihm besessen und gezwungen sein, alles zu tun, was er will. Wenn wir hingegen ihm gegenüber Mitgefühl entwickeln, dann ist er es, der unter unsere Kontrolle gerät. Wir können ihm helfen und ihn von seiner fürchterlichen Qual befreien.

Das Leid und die negative Grundeinstellung solcher Dämonen sind so schwerwiegend, dass sie durch normales, friedliches Mitgefühl nicht umgeformt werden können. Hier ist ein außerordentlich kraftvolles Mitgefühl notwendig – von jener Art, wie es in der Form zornvoller Gottheiten aus dem Geist aufsteigt. Solch ein zorniges Mitgefühl erkennt, dass die Leiden dieser Dämonen nicht nur darin begründet liegen, dass sie selbst der Erleuchtung nicht näherkommen, sondern auch darin, dass sie andauernd andere daran hindern. Diese Einsicht ist es, die uns zu dem starken Wunsch befähigt, diese unheilvollen Kräfte von ihrer Negativität zu befreien.

Zorn durch Zorn bereinigen heißt, dass wir uns vorstellen, alles schlechte Karma und alle negativen Neigungen im Geist des Dämons mit einem machtvollen Streich zu beseitigen, so dass sein Geist rein und frei wird, fähig zur Verschmelzung mit der letztendlichen Wirklichkeit.

Um diese Zerstörung der Negativität bewirken zu können, muss unser zornvolles Mitgefühl von der Weisheit der Nichtdualität durchdrungen sein. Unser Geist muss erkennen, dass das Hindernis nichts anderes ist als eine Manifestation unseres eigenen Geistes. Wir selbst sind der Feind!

Wut, Hass und Mitgefühl

Sollte es vorkommen, dass wir ein solches Wesen treffen, aber nicht in der Lage sind, etwas für es zu tun, können wir den Dämon seinen selbstgewählten Weg gehen lassen, während wir gleichzeitig aus tiefstem Herzen den Wunsch aussprechen, dass er von seinem negativen Zustand befreit werden möge. Wenn wir nicht die Macht haben, ihm zu helfen, liegt kein Fehler darin, nichts zu tun.

Wenn wir jedoch versuchen, die Negativität des Wesens zu beseitigen, ohne über das hierzu notwendige Bewusstsein und die Weisheit zu verfügen, ist dies nicht anders, als wenn wir auf jemanden wütend sind und ihn vernichten wollen. Wenn unser Geist von unreinem, auf dualistischer Sichtweise beruhendem Zorn erfüllt ist, kommt ein solcher Akt der Zerstörung dem Töten eines Wesens gleich, und wir selbst werden später unter den Folgen dieser Handlung zu leiden haben. Zudem wird sich das Wesen, falls es uns nicht gelingt, seine Negativität zu vernichten, durch unser Tun bedroht fühlen. Es wird wütend auf uns werden und uns allen möglichen Schaden zufügen.

Aus diesem Grund ist es sehr wichtig, dass wir uns darüber im Klaren sind, was wir zu leisten vermögen und was nicht, denn sonst laufen wir Gefahr, alles noch schlimmer zu machen.

Wenn wir richtig vorgehen, ist die im Geist erscheinende Energie keineswegs die Emotion des Zorns, sondern die reine Energie des Mitgefühls. Sie wird dem negativen Wesen von Nutzen sein, da es durch diese Tat ein für allemal auf den Pfad der Befreiung gebracht wird. Ein solches zornvolles Mitgefühl ist das Gegenteil des normalen Gefühls der Wut oder des Hasses.

So sollten wir uns gegenüber schädigenden Kräften, die keine physische Form besitzen, verhalten.

Menschliche Feinde

Bei der Begegnung mit einem physischen Feind dagegen ist es am Besten, sich einfach die positive Seite der Situation ins Bewusstsein zu rufen.

Wenn wir uns jemandem gegenübersehen, der uns wütend macht, ein Mensch, den wir nicht mögen und mit dem wir nicht auskommen, sollten wir uns klarmachen, dass seine unfreundliche Haltung uns gegenüber nicht sein Verschulden ist. Sie ist einfach die Manifestation der Ergebnisse unseres eigenen früheren Ärgers. Indem wir dies akzeptieren, können wir die Situation als eine gute Gelegenheit betrachten, Geduld zu üben. Wir sollten unserem Gegenüber dankbar sein, sogar soweit, dass wir wünschen, die karmischen Auswirkungen seines gegenwärtigen Zorns in der Zukunft auf uns nehmen zu können.

Manchmal wird es sich vielleicht dennoch nicht vermeiden lassen, dass wir in Wut geraten. Doch sobald wir uns wieder beruhigt haben, sollten wir uns klarmachen, dass der Mensch, der die Ursache unseres Ärgers war, uns in Wirklichkeit einen Gefallen erwiesen hat, indem er uns unseren Mangel an Geduld aufzeigte. Er hat uns eine spirituelle Lehre erteilt.

Entsprechende Lehren können uns zuteil werden, wenn wir uns von Hindernissen oder Schwierigkeiten bedroht fühlen, die wir nur aufgrund unserer eigenen Interpretation der Situation als solche empfinden. Wir sollten erkennen, dass eine solche Reaktion nichts anderes als unsere eigene Ich-Verhaftung ist. Auf uns selbst fixiert, wollen wir, dass die Dinge auf eine bestimmte Art geschehen. Tun sie dies nicht, fühlen wir uns behindert. Können wir jedoch die Situation als eine Belehrung über Selbstbezogenheit sehen, werden wir sie als einen guten Freund erkennen.

Dies bringt uns zum Ende des letzten Ansatzes zur Bewältigung der störenden Gefühle.

Nachwort

In diesem Text finden wir ein breites Spektrum an Methoden für die Arbeit mit den Emotionen. Wir haben gesehen, wie wir Emotionen aufgeben, die ihnen gemäßen Gegenmittel anwenden, sie umwandeln und ihre wahre Natur erkennen und schließlich, wie wir sie als Weg zur Erleuchtung benutzen können.

Dadurch, dass wir uns klar dieser Anweisungen erinnern und sie anwenden, sooft sich die Gelegenheit dazu bietet, wird es uns bald gelingen, uns von der Verwirrung des emotional gesteuerten Geistes zu befreien.

Der Autor des Textes, Tschagme Rinpotsche, schließt mit einer Bitte um Entschuldigung für etwaige in dem Werk enthaltene Fehler und bittet diejenigen, die die Schriften besser kennen als er, um Vergebung. Er spricht den Wunsch

aus, dass durch den Verdienst dieses Werkes alle Wesen sich
dem Dharma zuwenden und ihn praktizieren mögen, und
dass es in der Zukunft viele Mönche, Nonnen und Lai-
en geben möge, die dem Weg des Buddha bis zum Ende
folgen.

Glossar

Abhidharma Die Schriften des *Abhidharma* („Höheres Wissen") geben eine systematische Darstellung der aus tiefer meditativer Analyse gewonnenen Erkenntnisse des Buddhas und seiner Linienhalter. Sie beinhalten Erläuterungen zu den in den *Sutren* benutzten Begriffen sowie zu philosophischen, kosmologischen und psychologischen Fragestellungen. Sie stellen einen der *drei Körbe* buddhistischer Unterweisungen dar: Die *Sutren* (Lehrreden) beziehen sich unmittelbar auf die persönliche Praxis, die *Vinaya*-Schriften erläutern die Grundlagen ethischen Verhaltens und die *Abhidharma*-Schriften dienen dem vertiefenden Studium. Im Abhidharma geht es stets um die Frage: Was hilft uns und was hindert uns, das Erwachen zu verwirklichen? Welche Faktoren müssen zusammenkommen, um Befreiung zu erlangen, und welche Faktoren verhindern diese? Buddhistische „Psychologie" hat also ein sehr spezifisches Anliegen und sie beschäftigt sich hauptsächlich mit dem Geist von emotional relativ ausgeglichenen Dharmapraktizierenden und von Yogins in Meditation.

Arhat Ein *Arhat* (Tib.: *dgra-bcom-pa*) ist wörtlich „jemand, der den Feind (das Ichanhaften) bezwungen hat". Arhatschaft ist die höchste Verwirklichung auf dem Weg der Hörer (Skt.: *Shravaka*) und Alleinverwirklicher (Skt.: *pratyekabuddha*)

Bodhisattva Ein *Bodhisattva* (Tib.: *byang-chub sems-dpa'*) ist auf Deutsch ein *Mutiger des Erwachens*. Das Sanskritwort *Bodhi* bedeutet Erwachen, und Skt.: *sattva* wie auch Tib.: *sems-dpa'* bedeuten „jemand mit einem mutigen Geist", ein Held. Ein Bodhisattva ist also jemand, der den Entschluss und den Mut besitzt, auf das Erwachen zuzuarbeiten, um so – ohne auf sein eigenes Wohl zu achten – von wirklichem Nutzen für andere Wesen zu sein.

Dharmadhatu Das Sanskrit-Wort *Dharmadhatu* (Tib.: *chos-kyi dbyings*) kann als „Raum der Phänomene" oder auch „Dimension der Wahrheit" übersetzt werden. Gemeint ist die alles durchdringende nonduale Dimension, frei von Haften und Ichbezogenheit, in der sich das dynamische Spiel der Erscheinungen vollzieht und sich für den Erwachten die wahre Natur der Phänomene zeigt. Hier bedeutet *Dharma* „Wahrheit" und *dhatu* bedeutet Raum ohne Mitte und Rand, also den ganzen Raum umfassende Wahrheit ohne das Zentrum eines Ichs.

Dhyanibuddhas Die fünf universellen Buddhas, Sinnbilder für die gereinigte Energie der fünf Emotionen: die fünf Aspekte zeitlosen Gewahrseins.

Drei Fahrzeuge Praxismethoden, mit denen man auf dem Weg zur Erleuchtung vorwärtskommt: 1. das Fahrzeug der „Hörer" oder Shravakas, 2. das Fahrzeug der „Alleinverwirklicher" oder Pratyekabuddhas, und 3. der Mahayana oder das Große Fahrzeug der Bodhisattvas.

Drei Juwelen Die drei kostbaren Objekte der Zuflucht, die Schutz bieten vor allem Leid: 1. der Buddha – das spirituelle Ziel; 2. der Dharma – die Lehre in all ihren Ausprägungen, die den spirituellen Weg ausmacht; 3. die Sangha – die spirituellen Begleiter.

Drei Körbe (skr.: *Tripitaka*). Dies ist die Bezeichnung für die drei Sammlungen der Belehrungen des Buddha, die von allen Schulen anerkannt werden: 1. Sutra – die Lehrreden, 2. Vinaya – die Regeln der ethischen Disziplin, 3. Abhidharma – Philosophie und Psychologie.

Hinayana „Kleines Fahrzeug", dessen Motivation vorrangig auf die eigene Befreiung von Leid gerichtet ist.

Mahamudra und **Dsogtschen** Mahamudra bedeutet wörtlich „das große Siegel". Die direkte Praxis innerhalb der Kagyü-Schule, um die Natur des Geistes zu erkennen. Es ist das Siegel der Leerheit aller Phänomene. Es bezieht sich auf die letztendliche Sichtweise, auf den Weg (Unterweisungen und Praxis von Mahamudra) als auch auf das Ergebnis (Verwirklichung von Mahamudra). Dsogtschen bedeutet „große Vollkommenheit" und ist die direkte Praxis zur Erkenntnis der Natur des Geistes innerhalb der Nyingma-Schule, bezeichnet auch die letztendliche Sicht – die Einheit von Leerheit und Gewahrsein, von zeitloser Reinheit und spontaner Präsenz. Mahamudra und Dsogtschen sind vergleichbar, sie unterscheiden sich nur in subtilen Nuancen.

Mahayana „Großes Fahrzeug" der Bodhisattvas, die vollkommene Erleuchtung zum Wohl aller Wesen anstreben. Bezieht sich auf das zweite und dritte Drehen des Dharmarads.

Maitreya Der zukünftige Buddha

Paramitas Die sechs befreienden Qualitäten: Freigebigkeit, ethische Disziplin, Geduld, freudige Ausdauer, Meditation und Weisheit; ausführliche Erklärungen siehe *Gampopa, Der kostbare Schmuck der Befreiung*

Pratyekabuddha „Alleinverwirklicher" – jemand, der Befreiung von Leid erreicht, vor allem durch die Meditation auf die 12 Glieder abhängigen Entstehens. Aber er hält, wie es heißt, seine Lehrer geheim. Er lebt in völliger Abgeschiedenheit und gibt den Dharma nicht an andere weiter. Pratyekabuddhas

sind Praktizierende des ersten Drehens des Dharmarads.

Samaya Heiliges Band, Gelübde oder Verpflichtung im Vajrayana. Auch wenn viele Einzelheiten dafür beschrieben werden, bestehen Samayas im Wesentlichen darin, äußerlich eine harmonische Beziehung zum Vajrameister und seinen Dharmafreunden und innerlich die Kontinuität der Praxis aufrechtzuerhalten.

Sangha *Siehe* Drei Juwelen

Shravaka „Hörer", Praktizierende des ersten Drehens des Dharmarades über die vier edlen Wahrheiten.

Skandhas oder *fünf Aggregate* (Tib.: *phung-po*) sind Form, Empfinden, unterscheidende Wahrnehmung, Gestaltungskräfte und Bewusstsein. Form, das erste Aggregat, steht für den physischen Aspekt unserer Existenz und die anderen vier stehen für den wissenden Geist (Tib.: *shes-pa*). Die kontinuierliche Präsenz und Interaktion dieser fünf wird vom dualistischen Geist irrtümlicherweise für ein „Ich" oder „Selbst" gehalten. Ein Individuum wird beschrieben als das Zusammenwirken dieser fünf Aggregate. Die Identifikation mit diesen Aggregaten ist die eigentliche Ursache von Leid. Die Aggregate werden „befleckt" oder „unrein" genannt, weil sie karmisch bedingt, d. h. mit dem Makel der Dualität oder der Identifikation behaftet sind.

Sutra Unterweisung oder Lehrrede des Buddha. *Siehe* Drei Körbe

Tertön Jemand, dem es bestimmt ist, heilige Texte aufzufinden, die nach der Niederschrift verborgen wurden, um günstigere Umstände für ihre Eröffnung abzuwarten. Die überwiegende Zahl der Texte, die in der Nyingma-Schule verwendet werden, sind dieser Kategorie zuzurechnen.

Vajrayana Im *Vajra-Fahrzeug* (Skt.: *vajrayana*, Tib.: *rdo-rje theg-pa*) werden die Qualitäten der unzerstörbaren Vajranatur des Geistes als Weg genommen. Es handelt sich also nicht um ein unzerstörbares oder diamantenes Fahrzeug, sondern um das Fahrzeug des unzerstörbaren, diamantenen Geistes. Der Vajrayana ist Teil des Mahayana und seine Lehren werden als das dritte Drehen des Dharmarads bezeichnet.

Vinaya Das *Vinaya* sind die Unterweisungen des Buddha, welche die Regeln und das ethische Verhalten für seine Schüler beinhalten. Es umfasst alle ethischen Aspekte auf der Ebene der Selbstbefreiung. Die Regeln werden in acht Gruppen von Gelübden geteilt, von Gelübden für Laienpraktizierenden bis zu denen der voll

ordinierten Mönche und Nonnen. *Siehe* Drei Körbe.

Yidam Ein Meditationsaspekt, der nicht mit einem real existierenden Wesen verwechselt werden darf. Der Yidam ist eine symbolische Form, durch deren Bild die Praktizierende des Vajrayana mit der essentiellen Wirklichkeit seines Geistes in Verbindung treten und sich diese erschließen kann.

Zentralkanal Der „Ort", an dem der Geist verweilt, wenn er frei von Dualität ist, ein subtiler Energiekanal, der in den yogischen Praktiken des Vajrayana-Systems von großer Bedeutung ist.